Auxiliando a humanidade a encontrar a Verdade

Série
Memórias do Espiritismo

Fotos e ilustrações da página anterior (de cima para baixo, a partir da esquerda):
Gabriel Delanne, Bezerra de Menezes, Allan Kardec, Leon Denis;
William Crookes, Alfred Russel Wallace, Alexander Aksakof, Oliver Lodge;
Yvonne do Amaral Pereira, Alfred Binet, Ernesto Bozzano, Arthur Conan Doyle;
Hercílio Maes, Caibar Schutel, Gustavo Geley, Eurípedes Barsanulfo;
Victor Hugo, Charles Robert Richet, Cesare Lombroso, Pierre Gaetan Leymarie;
Andrew Jackson Davies, Camille Flammarion, Francisco Cândido Xavier, Emanuel Swedenborg.

Reconhecemos a ausência de inúmeros expoentes do espiritismo nesta galeria de imagens. Em razão do limitado espaço, escolhemos apenas algumas personalidades ilustres para representar todos aqueles que gostaríamos de homenagear.

O Espiritismo
Perante a Razão

© 2019 – Conhecimento Editorial Ltda

O Espiritismo Perante a Razão

Le spiritisme devant la raison

VALENTIN TOURNIER

Todos os direitos desta edição reservados à
CONHECIMENTO EDITORIAL LTDA.
Rua Prof. Paulo Chaves, 276 – Vila Teixeira Marques
CEP 13485-150 — Limeira — SP
Fone/Fax: 19 3451-5440
www.edconhecimento.com.br
vendas@edconhecimento.com.br

Nos termos da lei que resguarda os direitos autorais, é proibida a reprodução total ou parcial, de qualquer forma ou por qualquer meio — eletrônico ou mecânico, inclusive por processos xerográficos, de fotocópia e de gravação — sem permissão por escrito do editor.

Projeto gráfico: Sérgio Carvalho
Ilustração da capa: Banco de imagens

ISBN 978-85-7618-466-9
1ª Edição – 2019

• Impresso no Brasil • Presita en Brazilo

Produzido no departamento gráfico da
Conhecimento Editorial Ltda
grafica@edconhecimento.com.br

Dados Internacionais de Catalogação na Publicação (CIP)
Angélica Ilacqua CRB-8/7057

Tournier, Valentin, 1821?–?
    O Espiritismo Perante a Razão / Valentin Tournier — tradução de Luiz Gustavo Oliveira dos Santos – Limeira, SP : Editora do Conhecimento, 2019.
    140 p. (Série Memórias do Espiritismo) (Catálogo Racional)

ISBN 978-85-7618-466-9

Título original: *Le spiritisme devant la raison*

1. Espiritismo 2. Filosofia 3. Doutrina espírita I. Título II Santos, Luiz Gustavo de Oliveira dos

19-0145   CDD – 133.93

Índices para catálogo sistemático:
1. Espiritismo

Valentin Tournier

O ESPIRITISMO PERANTE A RAZÃO

Tradução
LUIZ GUSTAVO OLIVEIRA DOS SANTOS

LE SPIRITISME

DEVANT LA RAISON,

PAR M. VALENTIN TOURNIER,

Ex-directeur du Républicain de l'Aude, ex-rédacteur de la Fraternité de l'Aude.

CARCASSONNE,

Chez LAJOUX, libraire,　　Chez MAILLAC, libraire,
rue de la Mairie.　　　　　Place aux Herbes.

1868.

SÉRIE MEMÓRIA DO ESPIRITISMO

- *A Alma é Imortal* (Gabriel Delanne)
- *A Crise da Morte* (Ernesto Bozzanno)
- *A Evolução Anímica* (Gabriel Delanne)
- *As Forças Naturais Desconhecidas* (Camille Flammarion)
- *A Razão do Espiritismo* (Michel Bonnamy)
- *Os Dogmas da Igreja do Cristo* (Apollon Boltin)
- *O Espiritismo na Bíblia* (Henri Stecki) - no prelo
- *O Espiritismo Perante a Ciência* (Gabriel Delanne)
- *O Espiritismo Perante a Razão* (Valentin Tournier) - no prelo
- *O Gênio Celta e o Mundo Invisível* (Léon Denis)
- *O Mundo Invisível e a Guerra* (León Denis)
- *O Problema do Ser e do Destino* (León Denis)
- *Pesquisas Sobre a Mediunidade* (Gabriel Delanne)
- *Por que a vida?* (Léon Denis) - no prelo
- *Povos Primitivos e Manifestações Paranormais* (Ernesto Bozzano)
- *Socialismo e Espiritismo* (Léon Denis)
- *Tratado de Metapsíquica* - Vol. 1 (Charles Richet)
- *Tratado de Metapsíquica* - Vol. 2 (Charles Richet)
- *Urânia* (Camille Flammarion)
- *Deus da Natureza* (Camille Flammarion)

SÉRIE MAGNETISMO, A FORÇA DA VIDA

- *A Arte de Magnetizar* (Charles Leonard Lafontaine)
- *Cartas Ódico-Magnéticas* (Barão de Reichenbach)
- *O Magnetismo em Oposição à Medicina* (Barão Du Potet Sennevoy)
- *Os Eflúvios Ódicos* (Barão de Reichenbach)
- *Tratado Completo de Magnetismo Animal* (Barão Du Potet Sennevoy)

SÉRIE CATÁLOGO RACIONAL

- *A Arte de Magnetizar* (Charles Leonard Lafontaine)
- *Cartas Ódico-Magnéticas* (Barão de Reichenbach)
- *Os Dogmas da Igreja do Cristo* (Apollon Boltin)
- *O Espiritismo Perante a Razão* (Valentin Tournier) - no prelo
- *O Espiritismo na Bíblia* (Henri Stecki) - no prelo
- *O Evangelho Segundo o Espiritismo* (Allan Kardec)
- *O Que é o Espiritismo?* (Allan Kardec)
- *A Razão do Espiritismo* (Michel Bonnamy)
- *Tratado Completo de Magnetismo Animal* (Barão Du Potet Sennevoy)
- *A Realidade dos Espíritos* (Barão de Guldenstubbé)
- *Deus da Natureza* (Camille Flammarion)

Sumário

Sobre a *Série Catálogo Racional* 11
Sobre o autor 14
Apresentação da edição brasileira 17
Comentários de Allan Kardec 20
Comentários da Revista Espírita 21

O Espiritismo Perante a Razão: Os Fatos
Ao leitor 29
I 31
II 51

O Espiritismo Perante a Razão: As Doutrinas
Preâmbulo 81
I 85
II 90
III 93
IV 98
V 103
VI 109
VII 116
VIII 122
IX 127
X 134

Sobre a *Série Catálogo Racional*

> Fora das obras fundamentais da Doutrina Espírita, existe um grande número de livros, tanto antigos quanto modernos, úteis ao complemento desses estudos, e que são ignorados, ou sobre os quais faltam informações necessárias para obtê-los. É visando preencher essa lacuna que a *Livraria Espírita* foi fundada. (Allan Kardec, *Revista Espírita*, abril de 1869.)

Nesse parágrafo, é anunciada a motivação da fundação da *Livraria Espírita* em 1869, que seria criada a partir do *Catálogo Racional* de obras selecionadas por Allan Kardec; o *Catálogo* passaria a acompanhar os números da *Revista* enviados, desde então, aos assinantes e interessados. A **EDITORA DO CONHECIMENTO**, tendo em vista realizar o objetivo de Allan Kardec de tornar públicos esses livros "úteis ao complemento dos estudos" espíritas, lança, neste ano, a *Série Catálogo Racional*, que reunirá, pouco a pouco – a partir de esforço de pesquisa e tradução aberto à colaboração –, as obras listadas em 1869 (as quais são, em grande parte, infelizmente ignoradas ou difíceis de ser acessadas ainda em nossos dias).

A importância dessas obras recomendadas pelo eminente Codificador pouco antes de seu desencarne está ligada à *formação de espíritas esclarecidos*, como se observa a partir da seleção bibliográfica do seu *Catálogo Racional*. Kardec aí não inseriu somente obras de cunho espírita; algumas apenas tocam em assuntos comuns ao Espiritismo, outras, inclusive, são frontalmente contrárias à doutrina. Com isso, ele desejava promover a "fé raciocinada", uma marca indelével do Espiritismo, em todos os indivíduos que lhe aderissem, ou que apenas se interessassem pela maneira espírita de pensar.

Assim, ele indicou, nesse *Catálogo*, algumas obras *científicas*, a fim de munir os leitores de um *grande cabedal de fatos* de ordem espiritual, bem documentados e explicados por distintas correntes científicas. Também incluiu profundas obras *filosóficas*, visando apresentar diversas e firmes argumentações, pró e contra as visões doutrinárias, e familiarizar os leitores na *prática da dialética*, do *entendimento racional dos princípios*, permitindo, assim, a *assimilação das razões* da doutrina. Acrescentou, ademais, obras *teológicas*, ou de *comentário religioso* (da Bíblia ou de outras tradições sagradas), trazendo *interpretações variadas das revelações*, umas mais, outras menos de acordo com o Espiritismo. (Também conta com obras artísticas, romances, etc.) Após essas leituras recomendadas, o espírita terá exercitado a *apropriação do saber* doutrinário; *estará capacitado a trafegar racionalmente entre os diversos pontos de vista*, analisando profundamente as razões de cada um, já bem absorvidos e sedimentados, para, enfim, construir *em si* o edifício teórico e moral que pautará seus pensamentos, sentimentos e realizações no decorrer da estada terrestre. Kardec fez esse esforço final de *complementação* da doutrina para que, ao menos aqueles que se denominem espíritas, não lancem mão de uma fé cega, sem exame e dependente de "autoridades", mas que *todos sintam pessoalmente a autonomia da crença, a força dos argumentos e a solidez dos fatos*, proporcionados pela *fé raciocinada, a única inabalável* e capaz de firmar nossos passos na jornada do aperfeiçoamento.

Contamos com a simpática acolhida dos leitores espíritas para esta iniciativa da **EDITORA DO CONHECIMENTO**, com o lançamento da *Série Catálogo Racional*, em prol do resgate documental de várias obras, chamadas por Allan Kardec, aliás, de "*complementares da doutrina*"; um verdadeiro tesouro doutrinário.

Qualquer colaboração com este projeto (tradução de outras obras, ou comentários sobre traduções realizadas) será bem vinda. Todas as obras do *Catálogo Racional* de Allan Kardec, certamente, merecem vir à luz e ser meditadas pelos interessados no Espiritismo ou na ciência e filosofia espiritualistas.

Luiz Gustavo Oliveira dos Santos
Brasília-DF, 18 de setembro de 2018.

Sobre o autor

Valentin Tournier, nascido em 1821, foi conselheiro municipal e presidente do Tribunal de Carcassonne, na França, além de presidente da Sociedade de Fundos das Escolas Laicas e oficial de Academia. Trabalhou ainda como jornalista, tendo sido redator e diretor dos jornais *Republicain* e *Fraternité de l'Aude*.

Segundo o informe de Julien Malgras, em sua obra *Os Pioneiros do Espiritismo na França* (de 1906), no capítulo 26,

> Valentin Tournier foi (...) um espírita dos mais militantes e dos mais convictos, ao mesmo tempo em que um zeloso e eloquente defensor da causa espírita. Foi também um ardente republicano, que o golpe de Estado de 1851 manteve exilado durante alguns anos na Itália. Era um lógico cerrado e um mestre escritor que, desde 1858, não cessou de pôr sua pena e sua erudição a serviço do espiritismo.

Pela qualidade do trabalho do autor, sua obra muito contribuiu para a firmeza experimental e doutrinária do Espiritismo.

Entre suas publicações espíritas, ele escreveu inicialmente, em 1864, uma poesia, comentada por Allan Kardec na *Revista Espírita* daquele ano, intitulada *"Carta aos Ignorantes"*, cujo conteúdo mantinha coerência com a doutrina.

Em 1868, produziu a primeira parte da obra que ora apresentamos, recomendada na *Revista Espírita* e classificada por

Allan Kardec, no seu *Catálogo Racional*, uma obra "complementar da doutrina". Em 1870, foi publicada a segunda parte, igualmente recomendada e muito elogiada na *Revista*. No dizer de J. Malgras, o livro *O Espiritismo Perante a Razão* é uma "obra clara e concisa de um verdadeiro e eminente filósofo". O autor é apresentado por A. Desliens, secretário-gerente da *Revista Espírita*, em 1870, como um "pensador eminente", um "filósofo erudito", desejoso de contribuir, por todos os meios ao seu dispor, com a divulgação da doutrina espírita. Toda a iniciativa de V. Tournier recebeu, assim, a admiração dos espíritas de sua época.

Como apologista da crença que abraçara, ele escreveu uma

> *Resposta ao Mandamento de Monsenhor Desprès*, arcebispo de Toulouse, no qual ele refuta, com um raro vigor, em nome da ciência e da lógica, os exageros e as invenções do príncipe da Igreja (MALGRAS, 1906, cap. 26).

O número da *Revista Espírita* em que essa *Resposta* foi publicada teve uma tiragem de 20.000 exemplares, os quais "foram enviados ao clero, à magistratura, aos professores, aos deputados, e que foi o ponto de partida do processo dos espíritas" (*Idem*), um infame e conhecido processo[1] de 1875 que se iniciou quando o mons. Desprès acusou os espíritas ao chefe da Igreja e este, por uma cadeia de influências, encarregou o ministro da Justiça de perseguir a *Revista*. Na ocasião, chegou-se mesmo a incitar a queima de livros espíritas. O motivo alegado das acusações era a prática de fraudes em fotografias espíritas,

> mas o ponto de partida e o fundo desse caso célebre provêm da resposta característica, sábia e polida, embora mordaz a golpes de verdades, de Valentin Tournier. Naturalmente, nesse "belo tempo da ordem moral", os espíritas eram condenados *a priori*. (MALGRAS, 1906.)

Após diversos percalços, os representantes espíritas en-

---

[1] O livro *Processo dos Espíritas*, da Sra. Leymarie, documenta o fato. Hermínio C. Miranda o tornou conhecido no Brasil com seu livro homônimo: *Processo dos Espíritas*. Rio de Janeiro: FEB, 1977.

O Espiritismo Perante a Razão

volvidos, sobretudo o editor da *Revista*, Sr. Leymarie, acabaram inocentados.

Valentin Tournier também esteve à frente da *Revista Espírita*, na qual escreveu muitos artigos notáveis, inclusive durante essa época de perseguição acirrada.

Nos anos seguintes, nosso autor participou de numerosas Conferências e de Congressos Espíritas, colaborando ativamente com o jornal espírita *Messager*.

Valentin se tornou, com o tempo, amigo de Léon Denis, a quem muito apreciava. O sentimento era recíproco, pois vemos a inspiração do pensamento de Tournier nos escritos de Denis. O biógrafo Gaston Luce narra brevemente a relação desses dois grandes filósofos espíritas:

> ... podia-se ver Léon Denis passeando pelas alamedas frondosas e conduzindo seu velho amigo e vizinho espiritualista, Valentin Tournier, que estava cego. Este se havia fixado em Tours, para estar mais perto do valoroso propagandista da doutrina que ele próprio servia, pela pena, não sem talento. Ambos conversavam familiarmente de política, sobretudo de filosofia (...).

Tendo em vista o filósofo e grande escritor que era Valentin Tournier, é certa a importância que teve para a consolidação do Espiritismo, até o final de sua vida.

> Ele morreu em Tours, em 15 de setembro de 1898, com a idade de 77 anos.
>
> Sobre seu túmulo, Léon Denis pronunciou uma alocução pela qual rendeu homenagem à memória do homem que foi um sábio, um pensador, um escritor estimado, cuja vida foi consagrada ao estudo dos mais altos problemas da vida social e do destino. (MALGRAS, 1906, cap. 26.)

> *O tradutor*: Luiz Gustavo Oliveira dos Santos.
> Brasília-DF, 11 de dezembro de 2018.

Apresentação da edição brasileira

Iniciamos com as justas palavras do secretário-gerente da *Revista Espírita*, A. Desliens, que afirma ser esta a obra

> em que a questão filosófica é tratada do ponto de vista espírita com uma altura de concepção e uma lucidez de expressão acima de todo elogio. (...) Uma brochura que encontrará certamente seu lugar na biblioteca de todos os espíritas desejosos de possuírem as obras realmente sérias, em que a doutrina é submetida ao controle irrecusável da lógica e da razão.

De fato, vemos aqui o estilo jornalístico de Tournier: descritivo e argumentativo, objetivo e direto, com alguns sobressaltos poéticos. Mas o que se destaca é, decerto, seu caráter eminentemente filosófico.

Na primeira parte de seu livro ("Os Fatos"), Tournier se esforça por demonstrar a possibilidade e a realidade do fenômeno espírita. Tendo sido escrita como conferência, sua leitura vibra como um grande e cativante discurso. O que explica que haja, em certas partes, muitos exemplos de fatos espíritas resumidos e, noutras, alguns episódios mais detalhados, bons para exemplificar suas ideias centrais. Não faltam referências aos mais insuspeitos escritores e filósofos de todas as épocas, atestando fatos interessantes e históricos para compor sua argumentação, desde Moisés, Sócrates, passando por Dante, Francis Bacon, até chegar aos seus contemporâneos, como

Victor Hugo e Vacquerie, entre outros.

Na segunda parte do livro ("As Doutrinas"), ele deixa de lado a pesquisa experimental e faz passar pelo crivo rigoroso da lógica os princípios aceitos pelo Espiritismo. Essa parte se compõe de artigos seus, publicados em periódicos franceses, reunidos para formar mais uma obra. Também nela, diversos filósofos são trazidos à discussão e as análises do autor vasculham até a base de cada teoria apresentada. Destacam-se, entre outros, os temas da lei natural e suas sanções em vista do progresso dos seres, da habitabilidade dos mundos, da necessidade da reencarnação e, especialmente, da evolução universal e da criação a partir do nada, que têm muita profundidade.

Esses dois escritos juntos constituem, então, o presente volume. Nota-se, em toda a sua escrita, mais destacadamente em certos assuntos, uma verve crítica acidulada que lembra a do filósofo Voltaire, o qual, aliás, é bastante citado por Tournier.

Trata-se, sem dúvida, de um dos mais preciosos livros para fundamentar a filosofia espírita.

Informes adicionais acerca do autor e comentários doutrinários sobre a obra, bem como sobre a excelente recepção que obteve no meio espírita, são tecidos mais adiante, nas palavras do próprio Allan Kardec e do seu sucessor na *Revista Espírita*, Armand T. Desliens. Portanto, finalizamos esta breve apresentação expressando o quanto nos sentimos honrados por trazer à luz, em vernáculo, a importante obra completa de Valentin Tournier.

Nossa tradução, como todas as que tivemos a oportunidade de fazer, seguem com literalidade a construção das ideias do autor.

Esperamos contribuir para o avanço da filosofia espírita, com esta publicação. Damos, assim, mais um passo em direção ao objetivo de tornar acessíveis as "Obras Complementares da Doutrina", listadas no inestimável *Catálogo Racional* de Allan Kardec.

O tradutor: Luiz Gustavo Oliveira dos Santos.
Brasília-DF, 11 de dezembro de 2018.

Catálogo Racional para se fundar uma biblioteca espírita

...

II. – Obras diversas sobre o Espiritismo ou complementares da doutrina

Spiritisme (Le) **devant la raison**, conférence, par V. Tournier, ancien journaliste. — Br. in-18, 1 fr.; franco, 1 fr. 25 c. Carcassonne, Lajoux; Toulouse, Bompart. (*Revue spirite*, mars 1868, p. 94.)

...

Espiritismo (O) **perante a razão**, conferência, por V. Tournier, antigo jornalista. – Br. In-18, 1 fr.; franco, 1 fr. 25 c. Carcassonne, Lajoux; Toulouse, Bompart. (*Revista Espírita*, março de 1868, p. 94.)

...

Allan Kardec.

Comentários de Allan Kardec

Revista Espírita
Março de 1868
"Notícias bibliográficas"

...

O ESPIRITISMO PERANTE A RAZÃO, por Valentin Tournier, antigo jornalista. – Broch. in-18 de 72 páginas. Preço: 1 fr. – CARCASSONNE, Casa Lajoux e Casa Maillac, livreiros.

O autor desse opúsculo se propôs fazer duas conferências públicas sobre o Espiritismo; tendo sido impedido disso por circunstâncias independentes de sua vontade, são essas duas conferências que ele publica hoje. Dirigindo-se ao público não convicto, ele examina sucessivamente as questões seguintes: O Espiritismo é uma coisa séria? – Os estudos espíritas oferecem perigos? – Esses estudos são úteis? – Os fenômenos são possíveis? – Eles são reais? – Qual é a autoridade competente para conhecer os fatos?

Voltaremos sobre essa interessante publicação, que nos limitamos a assinalar hoje.

...

Allan Kardec.

Comentários da *Revista Espírita*[1]

REVUE SPIRITE

JOURNAL

D'ÉTUDES PSYCHOLOGIQUES

12ᵉ ANNÉE.	Nº 11	NOVEMBRE 1869.

Revista Espírita
Novembro de 1869

...

"Revista da Imprensa"

Em uma comunicação intitulada: *O Espiritismo e a Literatura Contemporânea*, publicada no último número da *Revista Espírita*, o Espírito do Sr. Allan Kardec se felicitava por ver a literatura e a ciência entrarem mais abertamente nas vias do Espiritismo filosófico. Alguns autores, com efeito, aceitam um certo número de nossas convicções e as popularizam em seus escritos; outros se servem dos nossos ensinamentos como de

---

[1] Allan Kardec faleceu em março de 1869, entre a publicação das duas partes da obra de Tournier, tendo conhecido apenas a primeira, "Os Fatos". O comitê administrativo da *Revista Espírita*, que o sucedeu, representado pelo secretário-gerente A. Desliens, continuou a divulgação. (Nota do tradutor.)

uma fonte fecunda em situações novas, em quadros de natureza a interessar aos seus leitores. Alguns, enfim, inteiramente convencidos, não temem consagrar à vulgarização dos nossos princípios sua profunda erudição e seu notável talento de escritor.

Entre estes últimos, citaremos Sr. Victor Tournier,[2] já conhecido do mundo espírita pela publicação de uma brochura intitulada: *O Espiritismo Perante a Razão*,[3] e tendo por objeto demonstrar, só pelo poder do raciocínio, a realidade de nossos ensinamentos. – Prosseguindo sua obra com uma atividade infatigável, Sr. Victor Tournier publica, no *Fraternité* de Carcassonne, uma série de artigos, onde a questão filosófica é tratada do ponto de vista espírita com uma altura de concepção e uma lucidez de expressão acima de todo elogio. Muitos desses artigos já apareceram, e Sr. Tournier quis no-los fazer chegar. Desde que toda a série tiver sido publicada, o autor se propõe coordená-los e deles compor uma brochura que encontrará certamente seu lugar na biblioteca de todos os espíritas desejosos de possuírem as obras realmente sérias em que a doutrina é submetida ao controle irrecusável da lógica e da razão.

Emprestemos hoje do *Fraternité* um desses artigos que, sob o título: *Preexistência-Reencarnação*, reúne, em algumas páginas interessantes, as opiniões emitidas em favor desse princípio por filósofos e literatos, dos quais não se poderia contestar a autoridade. Citamos textualmente a primeira parte desse trabalho, do qual publicaremos o fim em um próximo número.

...

Pelo Comitê de Administração, o
Secretário-Gerente: A. DESLIENS.

---

[2] O nome "Victor" foi claramente um engano desta edição da *Revista*. As informações identificam, com certeza, Valentin Tournier. (Nota do tradutor.)
[3] Broch. in-12, preço: 1 fr. – Livraria Espírita, 7, rua de Lille, Paris. (Ver a *Revista Espírita* de março de 1868, página 94.)

Revista Espírita
Janeiro de 1870

...

"Golpe de vista retrospectivo sobre o estado
do Espiritismo em 1869"

...

No número desses redatores que merecem o reconhecimento e os encorajamentos de todos os verdadeiros espíritas, pela coragem e o devotamento dos quais fazem prova, devemos citar Sr. Tournier, de Carcassonne. Os artigos que ele publicou sobre a doutrina, no jornal *Fraternité*, e dos quais trouxemos um certo número ao conhecimento de nossos leitores, não deixam nenhuma presa à crítica e fazem de seu autor um atleta temível para nossos adversários, pela lógica cerrada e a precisão de sua argumentação. Aproveitamos ansiosamente esta ocasião para renovar nossas felicitações a Sr. Tournier e à direção do jornal, que bem quis nos dar acesso às suas colunas. Tudo nos faz esperar que os fatos desse gênero se multiplicarão no porvir e que, de todos esses esforços combinados, resultará a divulgação universal de nossa consoladora doutrina.

...

Pelo Comitê de Administração, o
Secretário-Gerente: A. DESLIENS.

Revista Espírita
Abril de 1870

...

"Boletim bibliográfico"

...

No prelo, *O Espiritismo Perante a Razão* (2ª parte). *As Doutrinas*, por Sr. V. Tournier, 1 vol. in 12, preço: 1 fr.

...

Pelo Comitê de Administração, o Secretário-Gerente: A. DESLIENS.

Revista Espírita
Maio de 1870

...

"Revista da imprensa"

Nota. Terminando hoje a reprodução de alguns dos interessantes artigos sobre a questão religiosa, publicadas por Sr. Tournier, no *Fraternité* de Carcassonne, estamos felizes de anunciar aos nossos leitores que o autor quis coordenar sua obra e dela compor uma brochura que encontrará certamente seu lugar na biblioteca de todos os espíritas sérios.[4]

Em uma publicação anterior, intitulada: *O Espiritismo Perante a Razão* (*Os Fatos*), Sr. Tournier se prendera a demonstrar a possibilidade e a realidade do fenômeno espírita. Hoje, deixando de lado o Espiritismo experimental, ele passa pelo crivo rigoroso da lógica e da razão as doutrinas popularizadas pela doutrina [espírita], e que serão a eterna honra de seu imortal divulgador, Allan Kardec.

Resulta, dos trabalhos de Sr. Tournier, que o Espiritismo e a razão ensinam igualmente:

1º A existência de um Deus, inteligência soberana, que governa o mundo de acordo com leis imutáveis;

2º Que os mundos têm um começo e percorrem todos os graus de uma escala comum de progresso, até que os elementos que os compõem adquirem um modo de existência superior;

3º Que o homem e o mundo são, se não independentes, ao menos distintos de Deus. São, portanto, realidades e não simples modos, simples maneiras de ser de um ser único;

4º Que o princípio pensante, no homem, é igualmente distinto do corpo e lhe sobrevive. É o que chamamos a alma. Essa alma, uma vez saída do corpo, constitui o ser que se designa sob o nome de Espírito;

5º Que o Espírito, no outro mundo, encontra-se bem ou mal, segundo o homem que ele animou viveu bem ou mal. Mas as penas que ele suporta ou as recompensas de que goza são sempre proporcionais ao mal ou ao bem que ele fez e dele são a consequência lógica e inevitável;

---

[4] Ver o artigo bibliográfico.

O Espiritismo Perante a Razão

6º Que, não tendo outro objetivo que o progresso do Espírito, as penas não são eternas. Elas cessam logo que este reconhece seus erros e toma a firme resolução de se corrigir de seus vícios;

7º Que, após uma estada mais ou menos longa no outro mundo, o Espírito volta a este e nele se reencarna e suas reencarnações continuam até que, pelo esforço ao qual o obrigam as necessidades da vida material, ele tenha se engrandecido bastante em inteligência e em moralidade para se libertar de todas as paixões dos sentidos que o encadeiam ao mundo físico. Então ele desenvolveu em si faculdades superiores que o tornam apto a realizar no mundo um papel mais elevado que o do homem; ele adquiriu, numa palavra, a natureza angélica;

8º Que, chegado a esse ponto, ele goza de uma felicidade sem mescla, e que seu progresso ulterior se realizará, doravante, sem esforço doloroso;

9º Que, se alguma vez ele torna a descer sobre um planeta e se aí retoma um corpo, é apenas para aí cumprir temporariamente uma grande missão voluntariamente aceita, no seio de uma humanidade extraviada à qual ele vem trazer a lei moral;

10º Que, da mesma forma que a natureza angélica saiu da humanidade, a humanidade saiu da animalidade, e esta, do reino vegetal, que, ele mesmo, tem suas origens no mundo mineral. É assim que tudo serve, tudo se encadeia na natureza, desde o átomo primitivo até o arcanjo, que, ele mesmo, começou pelo átomo. (*Livro dos Espíritos*, p. 450.)

Sr. Tournier não é somente um pensador eminente e um filósofo erudito, é ainda um espírita convicto, desejoso de contribuir, por todos os meios em seu poder, com a divulgação universal de nossos princípios. Artesão infatigável da edificação inteligente da obra por seus trabalhos, ele ainda quis aí concorrer materialmente, consagrando exclusivamente os benefícios produzidos pela venda de sua interessante obra à alimentação do fundo de reserva da Caixa geral. Rogamos-lhe aceitar aqui, em nome do Espiritismo e dos espíritas do mundo inteiro, nossas calorosas felicitações e nossos vivos agradecimentos.

Pelo Comitê de Administração,
o Secretário-Gerente: A. Desliens.

LE SPIRITISME

DEVANT LA RAISON,

Par M. Valentin Tournier,

Ex-directeur du Républicain de l'Aude, ex-rédacteur de la Fraternité de l'Aude.

(Les Faits.)

CARCASSONNE,

Chez Lajoux, libraire, rue de la Mairie.   Chez Maillac, libraire, Place aux Herbes.

1868.

O ESPIRITISMO

PERANTE A RAZÃO,

Por Sr. Valentin Tournier,

Ex-diretor do *Republicain de l'Aude*, ex-redator do *Fraternité de l'Aude*.

(Os Fatos.)

CARCASSONNE,

Casa Lajoux, livreiro,   Casa Maillac, livreiro,
Rua da Mairie.   Praça das Ervas.

1868

Ao leitor,

No ano passado, enderecei ao Sr. Ministro da Instrução Pública um pedido de autorização para fazer, em Carcassonne, duas conferências sobre *O Maravilhoso perante a Razão*.

Eu perseguia um duplo objetivo: queria tratar a questão do Maravilhoso e provocar a fundação de uma sociedade de conferências.

A autorização não me foi concedida.

São essas duas conferências que publico hoje.

O Maravilhoso, sob seu novo nome – *O Espiritismo* – está, há alguns anos, mais do que nunca, na ordem do dia. Todo mundo se ocupa ou se preocupa com ele. Mas poucas pessoas, mesmo entre os escritores e os sábios, sabem ao certo o que ele é. Assim, veem-se produzir-se a seu respeito as opiniões mais absurdas, as mais extravagantes. E não há aí matéria para se espantar: por mais bem dotado que se tenha sido pela natureza, para sadiamente apreciar um fato, é preciso conhecê-lo, e para conhecê-lo, é preciso estudá-lo. Guardemo-nos de renovar o ridículo caso do dente de ouro, e não retrogrademos à escolástica, acreditando com isso seguir a grande rota do progresso. A verdade não é jamais coisa indiferente, e sua pesquisa não pode, em nenhum caso, desonrar quem quer que seja. O bom senso e a honestidade nos fazem mesmo um dever de jamais formular uma opinião senão com conhecimento de causa, a fim de não nos expormos a induzir nossos semelhantes ao erro.

Não sou um sábio; estou mesmo longe, bem longe de ser um homem instruído, e para meu grande pesar. Mas como o Maravilhoso não demanda, para ser apreciado convenientemente, senão poucas leituras completadas pela reflexão e pela observação paciente dos fatos, eu pude, em alguns anos, chegar a conhecê-lo bastante para não temer, tratando de semelhante assunto, dizer coisas falsas, ridículas ou perigosas.

Dividirei meu trabalho em duas partes: na primeira, tratarei as questões preliminares; na segunda, examinarei o fenômeno em si mesmo.

Vou, portanto, pesquisar, antes de tudo:

1° Se o Espiritismo é coisa séria.

2° Se os estudos espíritas oferecem tantos perigos quanto se quis dizê-lo.

3° Se esses estudos são úteis.

4° Enfim, qual é a autoridade competente para conhecer esses fatos.

I

O Espiritismo é coisa séria?

Eu o pergunto ao leitor imparcial: conhece-se, em nossos dias, um fato que tivesse o singular privilégio de apaixonar tão profundamente os espíritos e de provocar a manifestação de sentimentos tão opostos, quanto o fenômeno espírita? – Por isso, o padre Ventura, em uma carta endereçada a Sr. de Mirville, chamou-o, *"malgrado suas aparências de puerilidade* (cito textualmente), *um dos maiores acontecimentos de nosso século"*.

Enquanto certo número de homens o saudava em seu aparecimento com um entusiasmo bem pouco refletido, na grande maioria dentre eles, para não produzir lamentáveis resultados, ele fazia nascer, em muitos, outros sentimentos de um caráter bem diferente. O materialismo saltava sobre o travesseiro em que há longos anos repousava sua cabeça com confiança, como se fosse uma grande infelicidade para o homem aprender, por um fato, que sua alma é imortal, quando sua razão não é bastante forte para lhe demonstrar sozinha essa consoladora verdade! – Muitos, entre os ministros das diversas religiões reveladas, lançavam contra ele o anátema, quando se podia racionalmente esperar vê-los o acolherem com felicidade, uma vez que, por sua natureza mesma, ele demonstra a possibilidade dos fatos maravilhosos sobre os quais toda religião revelada repousa. Verdade bem sentida pelo abade Marouzeau, que, numa carta endereçada a A. Kardec, exprime-se assim, a propósito do fenômeno espírita: "Mostrai ao homem que ele é imortal. Nada pode melhor vos secundar nessa nobre tarefa do que a constatação dos Espíritos de além-túmulo e sua manifestação... Por aí somente vireis em ajuda à religião, combatendo ao seu lado os combates de Deus".

Os espiritualistas, os próprios racionalistas, esquecendo seus princípios, ou se recusavam a se ocuparem com ele, declarando-o *a priori* impossível, ou consentiam fazê-lo apenas com a condição de que se produzisse nas circunstâncias que eles mesmos tivessem determinado de antemão, como se não coubesse ao observador tomar os fatos tais como se apresentam, e sim aos fatos se dobrarem aos caprichos do observador!

Coisa estranha! Os espíritos independentes, os livres pensadores, os amigos das luzes e do progresso lançavam um grito de alarme e o combatiam, não vendo nele senão uma reaparição das superstições embrutecedoras do passado, um retorno às trevas da Idade Média; ao passo que, no campo oposto, os partidários do obscurantismo, da fé cega e da imobilidade o repeliam com furor como seu mais perigoso inimigo.

Sozinhos, os espíritos fortes, sossegados pela consoladora convicção de sua superioridade intelectual, contentavam-se em dar de ombros e em sorrir de piedade, vendo alguns pobres loucos tomarem a sério semelhantes bobagens. Mas os espíritos fortes são, comumente, bem fracos! E não há verdade que, em sua primeira aparição sobre a cena do mundo, não tenha sido acolhida por seu risinho ovelhesco. Seu verdadeiro nome nos foi manifestado por um homem de espírito: eles se chamam *o primo La Routine*.[1]

---

[1] Referência a uma personagem do livro *A história de Robert-Robert e de seu fiel companheiro Toussaint Lavenette* (1839), escrito por Louis Desnoyers. O primo La Routine (cujo nome evoca "a rotina"), o qual viaja para vários lugares diferentes, é assim apresentado, nesta passagem: "A história que terei a honra de vos contar não é menos moral que divertida. Ela nos ensina uma multidão de coisas, a saber: – que é preciso não se elevar demasiado alto; – que é preciso não cair demasiado baixo; – que é preciso não crer que uma coisa é necessariamente má, porque não era conhecida nem de Eva nem de Adão; – que é preciso saber se dobrar aos costumes mais ou menos inusitados dos países que têm o erro de não serem o nosso; – e, enfim, que zombar dos outros, sob pretexto de que não se parecem conosco, é lhes dar o direito de zombarem de nós, sob pretexto de que não parecemos com eles. Ora, então, meu primo La Routine era um cretino completo, que não seguia essa regra de conduta. Ele zombava de tudo o que não parecia com as coisas de

Não nos deixaremos, portanto, inquietar por seus inocentes gracejos, e preferiremos seguir o conselho de homens que jamais ostentaram a pretensão de ser espíritos fortes, mas que se contentaram com ser espíritos sábios.

Aqui, ser-me-ia fácil fazer numerosas citações. Não farei senão três, para não me expor a ser demasiado longo, e porque, aliás, a autoridade delas é bastante grande para contrabalançar a que eu tenho em vista combater.

Contentar-me-ei com dar a opinião de La Bruyère, de Bacon e de Victor Hugo: três homens que não virá ao espírito de ninguém acusar de tola credulidade ou de misticismo.

La Bruyère, espírito nítido, penetrante, analítico, calmo e frio; numa palavra, o autor dos *Caracteres*.

F. Bacon, do qual o nome já impõe respeito, o autor do novo *Organum*, aquele que partilha com Descartes a glória de ter quebrado os ferros nos quais a escolástica retinha o espírito humano há tantos séculos, e de tê-lo redimido, retomando a tradição socrática, nas vias da verdadeira filosofia e, por conseguinte, da verdade.

Victor Hugo, o grande poeta, o orador, o escritor que cada um conhece, e que tem para nós, sobre os dois outros, a vantagem de ser ainda deste mundo, e de ter estudado, não é segredo para ninguém, o fenômeno ao qual o iniciara a autora de *Lady Tartufo*, de *A Alegria Dá Medo* e de tantas obras-primas, a ilustre e saudosa Senhora Émile de Girardin.

Eis o que diz La Bruyère, no capítulo intitulado *Alguns Costumes*: "O que pensar da magia e do sortilégio? A teoria sobre isso é obscura, os princípios, vagos, incertos, e que se aproximam do visionário. Mas há fatos embaraçosos, afirmados por homens graves que os viram ou que os aprenderam de pessoas que se lhes assemelham: admiti-los todos ou negá-los todos parece um igual inconveniente; e eu ouso dizer que, nisso, como em todas as coisas extraordinárias e que saem das comuns regras, há um partido a encontrar entre as *almas crédulas* e os *espíritos fortes*".

---

seu lugar. 'Isso jamais se viu, isso jamais se viu!' Tal era seu grande cavalo de batalha" (p. 223). Tendo mesmo ido a uma fantástica Lua, o primo La Routine, estando lá, apenas "achou tudo estúpido" (p. 258). Essas posturas ilustram a crítica de Tournier. (Nota do Tradutor. A partir de agora, N. T.)

O Espiritismo Perante a Razão

Agora, eis a opinião de Bacon. Tomo-a resumida por Sr. Cousin, em sua 11ª lição sobre a *História da Filosofia no Século XVIII*.

"Enfim, Bacon não queria mesmo que se abandonasse inteiramente a magia; ele esperava que sobre esse caminho não era impossível encontrar fatos que não se encontram em outros lugares, fatos obscuros, *mas reais*, para os quais importa à ciência trazer a luz e a análise, em vez de abandoná-los aos extravagantes que os exageram e os falsificam."

Cheguemos em Victor Hugo. "A mesa girante e falante, diz ele, foi muito zombada. Falemos nítido, essa zombaria é sem alcance. Substituir o exame pela troça é cômodo, mas pouco científico. Quanto a nós, estimamos que o dever estreito da ciência é de sondar todos os fenômenos; a ciência é ignorante e não tem o direito de rir; *um cientista que ri do impossível está bem perto de ser um idiota*. O inesperado deve sempre ser esperado pela ciência. Ela tem por função detê-lo na passagem e vasculhá-lo, rejeitando o quimérico, constatando o real. A ciência não tem sobre os fatos senão seu direito de visa. Ela deve verificar e distinguir. Todo o conhecimento humano não é senão triagem. O falso, complicando o verdadeiro, não escusa a rejeição em bloco. Desde quando o joio é pretexto para recusar o trigo? Extirpai a má erva, o erro, mas ceifai o fato e o ligai aos outros. A ciência é o feixe dos fatos.

Missão da ciência: tudo estudar e tudo sondar. Todos nós, quem quer que sejamos, somos os credores do exame; somos seus devedores também. Devem-nos ele e nós o devemos. Eludir um fenômeno, recusar-lhe o préstimo de atenção ao qual ele tem direito, dispensá-lo, pô-lo à porta, virar-lhe as costas rindo, é declarar bancarrota à verdade, é deixar protestar a assinatura da ciência. O fenômeno do tripé antigo e da mesa moderna tem direito como um outro à observação. A ciência psíquica com isso ganhará, sem nenhuma dúvida. Acrescentemos isto, que abandonar os fenômenos à credulidade é fazer uma traição à razão humana.

De resto, vê-se, o fenômeno, sempre rejeitado e sempre reaparecente, não é de ontem."

Seria possível pleitear com uma mais magnífica linguagem a causa do verdadeiro bom senso?

O Espiritismo é, portanto, coisa séria.

Passo à segunda questão.

Os estudos espíritas não fazem correrem perigos sérios aqueles que a eles se aplicam, e não seria mais prudente deles se abster?

A rigor, poder-se-ia se contentar com dar como resposta a semelhante questão as citações que acabo de fazer; pois elas a contêm, ao menos implicitamente. Entretanto, entremos em alguns desenvolvimentos.

E, primeiro, é uma razão suficiente, para se abster do estudo de um fenômeno, os perigos que esse estudo pode fazer correr? – Uma semelhante razão, reconheço-o, é excelente para os egoístas; mas é sem valor para as almas elevadas.

Não se dá à luz senão na dor; e não há talvez uma só, das grandes verdades de que se compõe o patrimônio do gênero humano, que não tenha sido paga pelos sofrimentos do revelador ou daqueles que lhe prepararam laboriosamente as vias. – Lançai um golpe de vista sobre a história da maior parte das ciências: interrogai a Química, a Física, a História Natural, a Geologia, a Astronomia, a Filosofia, a Geografia, a própria História, e elas serão unânimes em proclamar os perigos diversos que os elementos ou as paixões humanas fizeram correr àqueles que se entregaram seriamente ao seu estudo, e não os cultivaram senão no só e único objetivo de encontrar a verdade e de proclamá-la.

Sim, a ciência tem seus mártires como a religião; e eles merecem todos nosso respeito, nosso amor e nosso reconhecimento.

Sem dúvida, o fenômeno espírita tem seus perigos; mas é uma razão a mais, para aquele que sente em si a força de realizar uma semelhante tarefa, estudá-lo a fim de poder plantar marcos sobre a rota e advertir o viajante mais fraco dos perigos que o ameaçam.

A. Vacquerie, em suas *Migalhas da História*, narra a estada que a Senhora de Girardin fez na casa de Victor Hugo, em Jersey, no fim do verão de 1853. Essa dama estava então num grande entusiasmo pelas mesas falantes, e o comunicou aos que a rodeavam, pelos resultados que, após muitos esforços infrutíferos, ela terminou por obter. Após sua partida, Vacquerie, que tinha sido dificílimo de convencer, com isso se ocupou diariamente e com paixão. – "Mas, diz ele, nove anos passaram sobre isso. Eu interrompi, após alguns meses, minha conversação cotidiana (ele fala de sua conversação com os Espíritos) por causa de um amigo cuja razão mal sólida não resistiu a esses sopros do desconhecido."

Notemos bem isto: *cuja razão mal sólida!*

Isso significa que, aqui, como em todo outro empreendimento, é preciso, antes de começar, consultar suas forças, e não se deixar apoderar por um entusiasmo irrefletido, uma curiosidade vã ou uma louca presunção.

Nós não entramos todos na vida nas mesmas condições; a soberana Sabedoria que aí nos introduz não nos impõe senão um labor proporcional às nossas forças; nossas funções são indicadas por nossas aptidões, e nós não somos todos destinados a percorrer atualmente o mesmo estágio. Aquele que quer fazer mais do que pode é tão culpado quanto aquele que não faz tudo o que pode, pois nem um nem o outro fazem o que devem; e se o castigo segue inevitavelmente a falta, não nos queixemos disso: é justo e útil que seja assim.

Certamente, eu não aconselharia a todo mundo se ocupar com semelhantes estudos! É preciso para isso, em certos casos, uma energia de vontade e uma solidez de razão que nem todos os homens têm; e o motivo que fez cessar Vacquerie me levaria a desviar muitas pessoas de começar.

Mas, apesar disso, é justo dizer que se têm singularmente exagerado os males que produziram ou que podem produzir as práticas espíritas. A paixão aí se misturou, e a paixão estraga tudo. A pessoa dos espíritas não tem mesmo sido respeitada; e houve um momento em que, para vergonha de nossa época e de nosso país, reproduziram-se contra eles quase todas as acusações pelas quais o mundo pagão perseguia os primeiros cristãos. Chegou-se mesmo até a invocar o rigor das leis, como se fosse um crime para os homens se entregarem pacificamente, no interior de suas casas, a estudos cujos resultados lhes pareçam dever ser úteis à humanidade.

– O Espiritismo, diz-se, povoa nossos hospitais de loucos.
– Mas a estatística, que não tem complacências por ninguém, veio dar a essas asserções apaixonadas um retumbante desmentido.

A verdade é que o Espiritismo não pode tornar loucos senão aqueles que já trazem em si um germe de loucura, só aguardando uma ocasião qualquer para se desenvolver.

Quem não sabe que se pode tornar louco a propósito de tudo e a propósito de nada? Um se torna por amor, outro por ódio, outro por ambição, outro por cupidez. – Em Pau, durante uma estada que aí fiz, um empregado inglês se tornou ao ler a Bíblia. Virá ao espírito de alguém proibir a leitura da Bíblia como perigosa e levando à loucura?

Há apenas alguns anos, nós todos lemos nos jornais ou ouvimos com horror e tristeza o relato de um drama assustador do qual os Estados Unidos da América foram o teatro. Um pai degolou seus filhos ainda em baixa idade e foi logo se remeter às mãos do magistrado. Ele se aplaudia por semelhante ação, porque, dizia ele, estava seguro de ter enviado ao paraíso seus filhos ainda inocentes, ao passo que, se os tivesse deixado viver, a salvação sendo tão difícil, eles estavam em grande perigo de irem após sua morte queimar eternamente no inferno.

Seria justo fazer pesar sobre a doutrina das penas eternas a responsabilidade da espantosa loucura desse homem?

Acusou-se também o Espiritismo de impelir ao suicídio. Essa acusação é falsa em todos os pontos. Não somente o Espiritismo não impele ao suicídio, mas dele é o preservativo mais eficaz. Todos os que leram as respostas dadas pelos suicidas evocados conhecem a terrível situação na qual se encontra o Espírito bastante insensato para ter quebrado os laços que o ligavam ao corpo, antes da hora marcada pela Providência.

Acredito ter dito o bastante sobre isso para mostrar que, se, em certos casos, as práticas espíritas podem apresentar alguns perigos, elas sofrem nisso a lei comum de todas as coisas deste mundo, que são boas ou más segundo o uso que delas se sabe fazer.

Chego, portanto, à terceira questão.

O Espiritismo Perante a Razão

Os estudos espíritas são úteis?

Se, como eu tenho a confiança de poder demonstrá-lo, o fenômeno prova até à última evidência a existência da alma e sua sobrevivência ao corpo, quem ousaria negar a utilidade de semelhantes pesquisas?

"A imortalidade da alma, diz Pascal, é uma coisa que nos importa tanto, e que nos toca tão profundamente, que é preciso ter perdido todo o sentimento para estar na indiferença de saber em que ela consiste."

E Voltaire, respondendo a um materialista e sustentando a superioridade da doutrina que afirma a alma e sua imortalidade, sobre a doutrina contrária: "Essa opinião, diz ele, não tem uma prodigiosa vantagem sobre a vossa? A minha é útil ao gênero humano, a vossa é funesta: ela pode, o que quer que digais dela, encorajar os Neros, os Alexandres VI e os Cartouches, a minha pode reprimi-los".

– Mas, dizem alguns, temos nós necessidade de vossos curadores e de vossos médiuns para acreditar na imortalidade de nossa alma? A religião não nos ensina essa verdade? – Sem dúvida, a religião a ensina, e há mesmo bem longo tempo; o que não impede que o número de materialistas seja sempre bem grande. Há homens que nenhum raciocínio pode convencer; sobre os quais nem filosofia, nem religião, nem Sócrates, nem Cristo têm influência. E é para estes, sobretudo, que se produz o fenômeno. – Pois bem, se Deus, em sua soberana sabedoria, quis lhes abrir essa via para chegarem à verdade, fareis um crime dos Espíritas o se esforçarem por fazê-los nela entrar, porque vós tivestes a vantagem de chegar por uma via diferente? Fareis um crime deles o *combaterem os combates de Deus*, segundo a bela expressão do abade Marouzeau?

Ah! Se soubésseis que tesouros de consolação o fenômeno encerra para certas almas ressecadas pelo sopro das doutrinas niilistas, que benfazeja luz ele faz penetrar em suas trevas, não falaríeis assim.

Cito um fato entre mil. É um extrato de uma carta endereçada a A. Kardec, por um honroso habitante de El-Affroun (Argélia), Sr. Pagés. – "O Espiritismo fez de mim um outro homem; antes de conhecê-lo, eu era como muitos outros; não acreditava em nada e, entretanto, sofria com o pensamento de que morrendo tudo está acabado para nós. Nisso experimentei, por vezes, um profundo desencorajamento, e me perguntei de que serve fazer o bem. O Espiritismo me fez o efeito de uma cortina que se levanta para nos mostrar uma decoração magnífica. Hoje, eu vejo claro; o porvir não é mais duvidoso, e por isso sou bem feliz; dizer-te a felicidade que nisso experimento me é impossível; parece-me que sou como um condenado à morte a quem se acaba de dizer que não morrerá, e que vai deixar sua prisão para ir a um belo país viver em liberdade. Não é esse, caro senhor, o efeito que isso deve fazer? A coragem me voltou com a certeza de viver sempre, porque compreendi que o que nós adquirimos em bem não é em pura perda; compreendi a utilidade de fazer o bem; compreendi a fraternidade e a solidariedade que ligam todos os homens. Sob o império desse pensamento, eu me esforcei por me melhorar. Sim, posso te dizer sem vaidade, eu me corrigi de muitos defeitos, embora me restem ainda muitos. Sinto agora que morrerei tranquilo, porque sei que não farei senão mudar um mau traje que me estorva, por um novo no qual estarei mais à vontade".

Sim, o estudo dos fatos espíritas é eminentemente útil; ele é mesmo obrigatório para os homens sérios; pois esses fatos poderiam acarretar consequências lastimáveis se, negligenciando o conselho de Bacon, fossem abandonados aos extravagantes que os exageram e os falsificam.

* * *

Não me resta mais que examinar se nós temos o direito de formar, por nós mesmos, uma opinião sobre o fenômeno espírita, ou se nosso dever é aguardar que uma autoridade qualquer nos forneça essa opinião toda feita para que nós a aceitemos cegamente.

À primeira vista, essa pesquisa poderá parecer ociosa a alguns de meus leitores, porque nós estamos em 1868; mas, se quiserem refletir um instante nisso, verão que ela é indispensável, pela razão de que esse direito nos tem sido contestado, e de que nem todo mundo é livre pensador.

De um lado, os ministros das religiões reveladas nos dizem: – Esses fenômenos são de uma natureza tal que incitam os temíveis problemas do estado das almas após a morte, das penas e das recompensas futuras, da justiça de Deus e de sua providência. Estamos aqui sobre o terreno da fé; vossa razão impotente deve se inclinar; só à revelação pertence dar a solução desejada; e como nós somos os únicos depositários da revelação e seus legítimos intérpretes, é nossa decisão que vós deveis aguardar em silêncio. –

De outro, os representantes da ciência levantam pretensões não menos absolutas. A ouvi-los, todo homem que não tem suas graduações, que não está munido de um diploma, que não passou sua vida a folhear os livros e que, sobretudo, não faz parte de uma comissão nomeada solenemente *ad hoc*, é incapaz de discernir o verdadeiro do falso nesses fenômenos, e seu dever é aguardar, para se pronunciar, a decisão dos corpos científicos.

Mas a razão não pode ser completamente convencida por esses argumentos diversos. Ela protesta fracamente, obscuramente em alguns e, mesmo quando se rende, não o faz sem gemer. Em outros, ao contrário, é com firmeza que ela reivindica seus direitos.

É, portanto, um conflito de jurisdição que se apresenta a nós; e nós temos de encontrar o tribunal competente para julgar a causa do espiritismo.

Deus me preserve de me servir de alguma expressão que possa afligir um homem, qualquer que seja, e feri-lo em sua fé. Professo por todas as religiões um profundo respeito, porque estou profundamente convencido de que, na origem de cada uma delas, houve um grande Espírito, missionário de Deus sobre a Terra, para trazer a uma raça de homens a revelação que lhe convinha então. Pois, se Deus, segundo a bela palavra da Escritura, *mede o vento pela lã do cordeiro*, ele mede também a revelação pela inteligência dos povos; e desde então, nada há de espantoso em que as religiões sejam diversas, nem que elas se sucedam uma à outra. Um só fato provará até à última evidência a verdade de minha asserção. A Bíblia disse: – *Olho por olho, dente por dente*; – mas, quando a raça à qual Moisés fora enviado se engrandeceu em sua inteligência e seu coração não estava mais tão endurecido, o Cristo apareceu e disse: – *Amai os vossos inimigos, fazei o bem àqueles que vos fazem o mal.* –

A revelação é, portanto, progressiva, porque o homem é progressivo, e porque ela não pode produzir frutos sérios e duráveis senão na medida em que é compreendida e em que a razão lhe adere.

E não somente as diversas raças diferem entre si pelo grau de desenvolvimento de sua razão, mas na mesma raça a razão se apresenta com dois caracteres muito diferentes: em uns, ela é intuitiva, sintética; em outros, é refletida, analítica. Daí, dois tipos de homens: os homens de entusiasmo, de fé, que compõem a massa dos adeptos nos diversos cultos; e os homens de reflexão, de análise, que se alistam de preferência sob as bandeiras da filosofia. Os primeiros têm a vantagem de marcharem mais depressa, os segundos vão com um passo mais seguro. O que importa é que cheguem todos.

Nós somos feitos assim, e é preciso nos aceitarmos tais como somos, uma vez que nós não fizemos a nós mesmos. Querer forçar todos os homens a tirarem sua regra de conduta da filosofia exclusivamente, ou da religião, seria igualmente querer pôr nossa razão limitada acima da razão divina.

Mas, num e noutro caso, é sempre, em definitivo, a razão que decide. Toda fé que não repousasse sobre ela seria como um edifício construído sobre a areia: o primeiro vento de contradição que viesse a soprar o levaria facilmente.

E em tudo isto, não tenho a menor intenção de provar a superioridade da razão sobre a fé, pois provaria contra minhas convicções. Quero somente mostrar que a fé deve, não se subordinar à razão, mas se abaixar até ela para se fazer por ela aceitar.

Escutai antes, a esse respeito, um homem que não se acusará de ser um inimigo da fé, Santo Agostinho: "O Cristo, diz ele, como um professor, ensinou-nos certas coisas, mas, como um professor, há certas outras que ele não deveu nos ensinar. Um bom mestre conhece o que deve dizer, e conhece o que deve calar. Disso deduzimos que não é preciso ensinar certas coisas àqueles que não podem compreendê-las. Por isso, Cristo disse a seus discípulos: Tenho ainda numerosas verdades a vos revelar, mas vós não estais maduros para compreendê-las quanto ao presente".

O que eram essas verdades que o Cristo não julgava a propósito dizer àqueles mesmos que ele tinha escolhido, se não verdades de uma ordem ainda mais elevada do que as que lhes declarava? E ele não o fazia para evitar escandalizá-los e faltar, assim, com o objetivo que se propusera em se encarnando entre nós. Os tempos não eram vindos; e a verdade é como a luz: quando é viva demais, ela cega e irrita em lugar de esclarecer.

O *Gênesis* mesmo nos oferece, desde seu início, um argumento vitorioso em favor da tese que sustentamos. – Os livros santos não contêm a verdade senão para aqueles que sabem vê-la; para os outros, eles não são senão um monte de relatos pueris, de fábulas absurdas e mesmo odiosas, porque estes não querem compreender que esses livros foram feitos para povos ainda infantis, e que a história, com suas formas severas, não pode convir senão aos povos chegados à idade da virilidade. – Não nos detenhamos, portanto, na superfície, penetremos ao fundo; não imitemos os judeus do tempo do Cristo: não sejamos os homens da letra *que mata*, mas do espírito *que vivifica*; quebremos o osso se quisermos poder nos nutrir da *substanciosa medula*.

O que é, com efeito, esse fruto proibido que comem nossos primeiros pais, e essa queda – que, para mim, tem todo o ar de uma ascensão –, após a qual, como lhes predissera a serpente, e como o confirmará o próprio Deus, eles se tornaram semelhantes aos deuses? – "Eis, diz o Senhor Deus, Adão se tornou como *um de nós*, sabendo o bem e o mal." (*Gênesis, cap. III, v. 22.*)

Antes do pecado, eles não estavam no estado de inocência, como se tem costume de dizê-lo; pois, para ser inocente, é preciso poder ser culpado; eles estavam ainda no estado de bestialidade; eles pertenciam inteiramente ao reino animal ou brutal, se o quiserem, de onde a espécie humana, no relato do *Gênesis*, parece sair por uma progressão lógica; e o paraíso terrestre, esse lugar de delícias, não era, afinal de contas, senão um aprisco.

A primeira revolta é a ruptura da barreira que retinha o homem estacionado desordenadamente com os outros animais; é a primeira afirmação da personalidade independente; o primeiro feito sobre o terreno da liberdade moral; o primeiro despertar da consciência; o primeiro vislumbre da razão! – E era natural que fosse assim: é quase sempre pelo erro que se começa.

Também, vede como a cólera de Deus é antes fingida que real, e que bondade de pai se esconde sob a grossa voz desse juiz irritado. Seu primeiro cuidado é de lhes fazer trajes de peles, para pô-los a coberto das injúrias do tempo, e ele os condena... a quê?... só ao que constitui a verdadeira felicidade da vida, porque dela faz a dignidade..., ao trabalho!

O reino dos céus, diz o Evangelho, quer ser apoderado pela força; Deus quer que se lute contra ele; a única homenagem que lhe apraz é a de uma razão convencida, e Jacó não recebeu o nome de Israel senão quando derrotou o anjo!

Mas o triunfo não será fácil! A razão humana, ferida em seu nascimento pelo clarão ofuscante da razão divina, obstinar-se-á a ver em Deus apenas um inimigo, um tirano ciumento de sua prerrogativa, e não se curvará diante dele senão vencida pelo terror. – "Impeçamos, pois, agora, continua o Senhor Deus, que ele leve a mão à árvore da vida, que tome também de seu fruto, e que comendo desse fruto ele viva eternamente". (*Gênesis, cap. III, v. 22.*)

Enfim, após longos séculos, Deus julgando o momento vindo, desce ele mesmo sobre a terra na pessoa de seu Verbo que traz ao homem, ao preço de seu próprio sangue, o pacto da reconciliação.

Dante, o grande poeta católico, o homem da poderosa intuição, tinha bem pressentido essa progressão ao mesmo tempo livre e necessária do espírito humano na moralidade. Por isso, sua viagem de além-mundo, que começa pelo Inferno, prossegue pelo Purgatório, para terminar no Paraíso. Mas o que sua obra oferece talvez de mais notável, e o que jamais li sem ser vivamente tocado, é o que ele diz do estado daqueles que ele chama

O Espiritismo Perante a Razão

l'anime triste di coloro,
Che visser senza infamia, e senza lodo.

(as almas desprezíveis dos que viveram sem fazer nem o bem nem o mal.)

Eles estão estacionados num lugar à parte, antes da entrada do inferno, do qual não são dignos.

(Os céus, diz-lhe Virgílio, repelem-nos por não serem menos belos,)

Caccianli i Ciel, per non esser men belli:

(e o profundo inferno não os recebe, porque os culpados não tirariam deles nenhuma glória.)

Nè lo profondo inferno gli riceve,
C'alcuna gloria i rei avrebber d'elli.

(A Misericórdia e a Justiça, prossegue seu guia, desdenham-nos igualmente. Não nos ocupemos deles, mas olha e passa.)

Misericordia e Giustizia gli sdegna.
Non ragioniam di lor, ma guarda e passa.

Os grandes artistas, diz-se, colocam frequentemente em sua obra coisas das quais eles não têm uma consciência bem nítida, mas das quais sentem fortemente, embora confusamente, a verdade.

Dante, não julgando dignos nem de misericórdia nem de justiça os Espíritos de que falamos, não indicou claramente o estado da alma que não é ainda nascida à vida moral, e que, por conseguinte, é incapaz de bem e de mal? E, colocando-os imediatamente antes da entrada do inferno, não faz ver que a ignorância deve necessariamente passar pelo erro para chegar à verdade?

– Sim, Dante, em seu grande poema, não é outra coisa que o símbolo da alma humana que começa sua viagem nas mais profundas trevas, prossegue-a no claro-escuro, para não terminar senão no seio da luz absoluta.

Certamente, não pretendo que ele quisesse formalmente exprimir todas essas coisas; Dante, o que quer que possam dizer seus cegos admiradores, era um grande poeta, mas não um filósofo; e o poeta é uma lira que a inspiração faz vibrar!

O homem não é, portanto, realmente homem e não merece esse nome senão quando, em um grau qualquer, ele afirma sua personalidade e faz uso de sua razão.

Que se nos repita, portanto, tanto quanto se queira, que nossa razão é fraca, incerta, sujeita a errar, e nós não encontraremos nada a responder; porque tudo isso volta a dizer o que nós sabemos há longo tempo: que somos seres perfectíveis. Mas que não se conclua daí que devamos considerar a razão como nosso mais perigoso inimigo, o único obstáculo à nossa salvação, e nos apressar por fazer abdicação dela; porque nós responderemos que tal como ela é, essa razão tão detestada é ainda o lado mais elevado de nossa natureza, o que nos distingue do resto da criação e dela nos constitui os reis. – Seria preciso nos cravarmos os olhos porque eles nos enganam algumas vezes?

Não quero me expor a fatigar o leitor com lugares comuns; há coisas que se tornaram banais por força de serem verdadeiras, mas que não se podem totalmente negligenciar quando se trata um assunto como o meu. Contentar-me-ei, portanto, com indicá-las de passagem.

Não é verdade que esses mesmos que se põem como os adversários da razão, que se creem, com a melhor fé do mundo, seus mais irreconciliáveis inimigos, numa palavra, os campeões da fé cega, do *credo quia absurdum*, dão-se, a cada dia, a si mesmos o mais estrondoso desmentido? – O que são, com efeito, essas demonstrações que se esforçam por nos dar a verdade da fé que eles proclamam, os representantes dos diversos cultos? Não são elas a confissão, ao menos implícita, da necessidade, para uma fé qualquer, de se fazer aceitar pela razão, e, em consequência, o reconhecimento do direito e do dever, para o homem, de repelir aquela que sua razão desaprova? E é bem preciso que seja isso, pois, de outro modo, o homem deveria permanecer toda a sua vida estacionado na fé em que tivesse nascido, como uma ovelha em seu aprisco; e, se nossos pais tivessem agido assim, nenhum de nós teria a inapreciável vantagem de ter nascido cristão.

Não se diria, a ouvir esses perigosos amigos da fé, que não pode haver entre ela e a razão nenhuma espécie de acor-

O Espiritismo Perante a Razão

do? Que elas são incompatíveis por sua natureza? E não é o caso de dizer, com nosso grande fabulista: *"mais valeria um sábio inimigo"*?

Pois, se, como eles dizem, a razão não pode senão nos extraviar, disso resulta, como consequência forçosa, que toda fé aceita pela razão deve imediatamente ser rejeitada como falsa e perigosa.

Última contradição e a mais surpreendente de todas! A qual faculdade no homem se dirigem os inimigos da razão para dela fazerem o processo, se não é à própria razão? – Pois nenhum deles, suponho, aventurar-se-ia a desenvolver seus argumentos perante seres desprovidos de razão, e, por conseguinte, incapazes de compreendê-los.

É, portanto, sempre a essa pobre razão que é preciso voltar: pode-se desprezá-la, mas não se poderia passar sem ela.

No entanto, não são tais sentimentos que ela tem inspirado aos espíritos verdadeiramente grandes, qualquer que seja a classe da sociedade a que tenham pertencido. Tenho lido bem pouco, mas, enfim, li uma admirável passagem de Fénelon, que é citada nos tratados de Filosofia, e eu duvido que jamais algum filósofo tenha escrito um elogio mais pomposo e mais verdadeiro da razão humana. O grande arcebispo aí nos mostra Deus como o sol das inteligências, e a razão, como o olho interior por meio do qual nós podemos contemplá-lo e entrar em comunicação direta com ele.

Há, pois, de acordo com Fénelon, um sol moral, como há um sol material; e, da mesma forma que para gozar da luz do sol material nos é preciso necessariamente o olho do corpo, assim, para poder aproveitar a luz do sol moral, é-nos preciso não menos necessariamente o olho da alma, a razão.

Se, portanto, os livros sagrados contêm, como o acredito, luzes capazes de lançar uma grande claridade sobre o fenômeno espírita, é apenas com a condição de que a razão aí saiba descobri-las e delas fazer uso; e, assim, ela permanece, até o presente, o único juiz competente.

Vejamos se ela triunfará igualmente sobre as pretensões exclusivistas da ciência.

Não creio ter necessidade de protestar ainda o meu respeito pela ciência, como o fiz pela religião. Elas não estão em causa, nem uma, nem a outra, e lidamos apenas com aqueles que se apressam demais, talvez, em delas se proclamarem os únicos legítimos representantes.

A questão é simples. Reduz-se a isto: – O fenômeno espírita é tal que seja preciso, com toda a necessidade, ter uma especialidade qualquer para estar apto a constatar sua realidade? – Uma criança poderia responder.

Suponhamos, com efeito, que uma cadeira, uma mesa ou todo outro objeto material se ponha de repente em movimento, que deixe mesmo o solo e se sustente no espaço, sem nenhum ponto de apoio visível. Será necessário ter estudado as Matemáticas, a Química, a Física, a Medicina para constatar um tal fato, e há no mundo apenas um instituto reunido capaz de tomar as precauções convenientes para não ser joguete de uma mistificação ou de uma ilusão?

Vamos mais longe. Se esse objeto material de que acabamos de falar executa movimentos de uma natureza tal que indiquem uma vontade inteligente; se, querendo entrar em comunicação com essa inteligência que supondes ser a causa desses movimentos, vós convencionais sinais, batidas, por exemplo, e que, por meio dessas batidas, uma conversação se engaje realmente, não estareis no direito de afirmar que esses movimentos são efetivamente produzidos por um ser inteligente, presente, embora invisível? – E o que pensareis de um homem que, sem ter examinado o fato, negue-o e vos declare alucinados, gabando-se de uma ciência que não tem o que fazer aqui, pois vós sabeis mais do que ele sobre esse ponto, uma vez que vós vistes e que ele não viu? – O último dos pastores da montanha, se é dotado de uma razão sã e que não esteja sob a influência de uma doença, não tem mais o direito de afirmar um fato que testemunhou, do que o maior dos cientistas não tem o direito de negá-lo se não o viu?

E, no entanto, é o que muitos cientistas fazem todos os dias. Porque, na realidade, um cientista é geralmente menos apto a acolher uma verdade nova do que o é outro homem.

Os cientistas têm também seus preconceitos; e é dificílimo, a menos que se seja ao mesmo tempo cientista e homem de gênio, submeter-se a fazer *tabula rasa*, segundo o sábio preceito de Bacon. Quando as ideias tomaram uma direção, quando se está acostumado a considerar as coisas de uma certa maneira, sobretudo quando se fez um nome sustentando certas doutrinas, é preciso um esforço do qual bem poucas pessoas são capazes para se determinar a estudar, sem partido tomado, fatos que venham dar um desmentido às crenças e às afirmações de toda uma vida: – Quando se tem uma rica mobília, dificilmente se decide lançá-la pela janela. – Por isso, a história não nos mostra talvez uma só grande verdade que não tenha provocado, em sua primeira aparição no mundo, a oposição violenta das academias.

Os cientistas não consentem geralmente em estudar o fenômeno espírita; eles se contentam com combatê-lo, porque, *a priori*, declararam-no impossível; como se, Deus lhes tendo revelado todos os seus segredos, a natureza não tivesse mais véus para eles. Ou, se condescendem em fazê-lo, é apenas em condições ridículas, por força de serem impossíveis. Impõem-lhe todo um programa: querem fixar eles mesmos a hora, o lugar, o modo e a duração de sua produção. Não é, visivelmente, o fato e a lei que o governa que são o objeto de seu estudo; o que eles buscam é a glorificação de suas próprias teorias. Tais homens não possuirão jamais a verdade: – O reino dos céus, diz o Evangelho, não pertence senão aos humildes.

De resto, mesmo quando tudo o que eles exigem lhes fosse concedido, quase não se teria avançado mais por isso. Se o fenômeno se produzisse perante um instituto reunido, dobrando-se aos caprichos diversos de todos os seus membros, e que, por extraordinário, eles se rendessem todos à evidência, os cientistas que não tivessem assistido à sessão não levariam em nenhuma conta a decisão de seus colegas. Eles têm para se dispensar um argumento todo pronto: – A alucinação, dizem eles, é algumas vezes coletiva, e ninguém está isento dela, – exceto, bem entendido, aquele que a constata nos outros.

Há, aliás, pessoas que é preciso renunciar a convencer, porque elas não querem ou não podem ser convencidas.

Essa verdade está admiravelmente demonstrada em um

artigo brilhante de espírito e, o que vale mais ainda, pleno de bom senso, que Alphonse Karr publicou em um jornal ilustre.

O autor aí narra primeiro uma sessão de mesa girante, à qual ele assistiu, em Paris, na casa do grande artista Gudin. Para ele, a experiência foi perfeitamente bem sucedida, e é impossível que a destreza ou a fraude pudessem aí ter parte. Mesmo assim, debocha muito agradavelmente o cientista Sr. Babinet,[2] sobre as explicações algo ridículas que ele acreditou dever dar desse fato, em vez de dizer simplesmente, como Alphonse Karr: *Eu não sei.*

Ele fala, em seguida, de uma visita feita a um sonâmbulo célebre, em companhia de um membro da Academia de Medicina, o doutor Fourcault.

O doutor sai um pouco surpreso com o que viu, mas diz que *isso não prova nada.* É-lhe necessária *a certeza matemática.*

"– Oito dias depois, o doutor veio me buscar.

– Eu tenho meu caso, disse-me ele. – Eis minha chave em meu bolso, dei licença à minha servente. – Após sua partida, fiz em minha casa alguma coisa que não te direi. – Se o sonâmbulo vir o que eu fiz na minha casa, estarei convencido de que se pode ver à distância e sem o socorro dos olhos.

– Estás persuadido de que tua experiência tem para ti todos os elementos da prova?

---

[2] No momento de entregar nosso manuscrito ao impressor, um amigo nos remete o n° 16 de um jornal de Paris – *Le Progrès Spiritualiste* – e nos felicitamos de aí encontrar a prova de que se teria errado em contar o cientista Sr. Babinet no número dos que não querem ou não podem ser convencidos.

"Grande notícia no palácio Mazarin, diz o doutor Feytaud, citado por esse jornal. – Sr. Babinet, o perseguidor das mesas girantes, como S. Paulo, foi derrubado sobre o caminho de Damasco. Sr. Babinet viu e tocou uma mesa que, após ter se inclinado à sua vista, deixou o solo ao seu comando, e percutiu o ar: *O primeiro passo se dá sem que se pense nele,* que o ilustre cientista tinha mentalmente pedido. Sr. Babinet nos certificou pessoalmente esses fatos..."

O mesmo jornal traz a carta seguinte, endereçada ao Sr. doutor Feytaud, rua Rambuteau, 30, nos primeiros dias de setembro de 1867.

"Senhor Feytaud,

Eu queria bem ter contigo uma conferência sobre os meios a tomar para produzir diante do público, que me é muito simpático, e sobre o qual creio ter alguma autoridade, os *incríveis fenômenos* de que fui testemunha, e dos quais tua visita me persuadiu de que poderíamos demonstrar a realidade.

Responde o quanto antes, eu te peço. Marca-me uma hora, estarei em minha casa. Estou decidido a marchar em frente.

Teu devotado servidor. Babinet."

– Sim.

– Nós partimos, nós chegamos. O doutor disse ao sonâmbulo adormecido: Vai à minha casa, e dize o que vês no quarto."

Breve, o sonâmbulo adivinha o quarteirão, a rua, o número, o andar do alojamento do doutor, e lhe descreve, no mais minucioso detalhe, não somente todas as peças que compõem sua mobília, mas ainda as mudanças absurdas que ele operou em seu arranjo.

"– Eu procurei o doutor, ele tinha desaparecido. – Perguntei-me se era pelo resultado do magnetismo. – No dia seguinte, encontrei-o na rua.

Pois bem!, disse-lhe eu, – o que nos disse o sonâmbulo era verdadeiro?

– Sim, – mas o que é que isso prova?"

E o doutor dá sobre a coisa explicações ainda mais absurdas que as de Sr. Babinet para as mesas girantes.

"– Suponho que, nesse momento, o doutor Fourcault me procurou para ver o efeito de sua argumentação; mas lhe aconteceu a meu respeito o que me acontecera no seio da casa do sonâmbulo: ele não me encontrou, eu tinha desaparecido."

Não há, com efeito, quando se encontram tais homens, senão a fazer como Alphonse Karr: desaparecer.

A razão é, portanto, a única autoridade competente para conhecer o caso que nos ocupa, e é perante seu tribunal, que sedia em cada um de nós, que nós o levaremos para ser julgado.

* * *

II

O que se deve entender pelas palavras *Espiritismo, Espírita*? Se eu consulto Allan Kardec, que as introduziu em nossa língua, ele me responde – que a palavra Espiritismo, tomada em sua significação a mais restrita, a mais rigorosa, exprime o fato da comunicação do mundo invisível com o mundo visível, dos Espíritos com os homens, e que o Espírita é aquele que acredita na realidade desse fato.

Todos os seguidores das diversas religiões reveladas que se partilham a humanidade são, portanto, espíritas, quer eles o queiram ou não o queiram, quer eles o saibam ou o ignorem.

Quantos não vemos, entre nós, de católicos se proclamarem altamente espíritas, sem entenderem por isso saírem de sua comunhão?

O Espiritismo não é, portanto, esse monstro que alguns imaginam e, em sua maioria, aqueles que o combatem são espíritas sem o saber.

Mas, se se pode ser espírita sem cessar de pertencer a uma religião positiva, pode-se sê-lo também sem fazer profissão de nenhuma.

Há espíritas racionalistas, livres pensadores, filósofos. Mas os racionalistas, os livres pensadores, os filósofos existiam antes que se falasse do espiritismo, e não foi certamente ele que os inventou.

Estes últimos, estudando o fenômeno espírita, aí encontraram, uns, a crença na imortalidade de sua alma, que não possuíam até então; outros, a confirmação de sua fé espiritualista; todos, noções mais ou menos claras sobre o estado das almas após a morte e sobre a maneira pela qual Deus governa o mundo.

Há, portanto, doutrinas espíritas, uma filosofia espírita, uma moral espírita, como há diversas religiões e diversas filosofias.

Proponho-me tratar mais tarde das doutrinas espíritas que Sr. Bonnamy, juiz de instrução em Villeneuve-sur-Lot e autor de uma recente obra tendo por título: *A Razão do Espiritismo*, em uma carta endereçada a Allan Kardec, declara serem *a base mais segura, a mais firme da ordem social*, e que o abade Lecanu, em sua *História de Satã*, aprecia nestes termos: "Seguindo as máximas do *Livro dos Espíritos* de A. Kardec, *há com que se tornar um santo sobre a terra*".

No momento, não me ocuparei senão do fenômeno em si mesmo.

Foi por volta de 1848 que se começou a falar dele na América, e por volta de 1852 que ele atraiu a atenção do público francês.

Ele foi primeiro conhecido sob o nome de fenômeno das *mesas girantes e falantes*. Não fora uma mesa, elevando-se ao contato involuntário das senhoritas Fox, nos Estados Unidos, que servira de ponto de partida ao movimento espírita?

Não há hoje ninguém um pouco esclarecido que não saiba que a mesa não é nada, absolutamente nada, senão um instrumento. Pode-se substituí-la, e se a substituiu efetivamente, por todo outro objeto mais cômodo, o lápis, por exemplo. Isso depende da aptidão do *médium*.

Entende-se por *médium* uma pessoa dotada de certas qualidades físicas, que permitem aos Espíritos se servirem dela como de um meio para se manifestar.

A mediunidade é espontânea ou provocada e se desenvolve geralmente pelo exercício. Parece que todos nós trazemos dela algum germe. Mas o número dos bons *médiuns* é bastante limitado.

Essa faculdade afeta, de resto, caracteres muito diversos, que não entra em meu plano descrever. Os que estiverem curiosos para conhecê-los não têm senão de ler o *Livro dos Médiuns*, de A. Kardec: é um tratado *ex professo* sobre a matéria. – Não devo aqui examinar o fenômeno senão de um ponto de vista geral.

Aqueles que o combatem são de três tipos.

Os primeiros o negam *a priori*, como contrário à razão. Declaram-no impossível e se dispensam, assim, de estudá-lo.

Os segundos contestam dele somente a realidade.

Os terceiros, enfim, espíritas sem o querer, pretendem que ele é a obra exclusiva do Espírito do mal, do Demônio.

Vamos examinar sucessivamente essas três opiniões.

O fenômeno é possível?

"Aquele que, fora das matemáticas puras, pronuncia a palavra *impossível* carece de prudência."

Essas palavras são do ilustre F. Arago. De acordo com ele, o fenômeno espírita seria, portanto, possível, pois não entra evidentemente no domínio das matemáticas puras. E, com efeito, o que é preciso para que o seja? – Que a crença em um mundo das inteligências não repugne invencivelmente à razão; que ela possa admitir, ao menos como possíveis, a existência de Deus e a imortalidade da alma.

Ora, se há materialistas, há também espiritualistas, e em número ao menos tão grande. E faço, falando assim, uma bem grande concessão. Se entre os materialistas se contam homens eminentes, conta-se certamente um bem maior número entre os espiritualistas; e os mais belos gênios dos quais se honra a humanidade acreditavam em Deus, na imortalidade da alma, em um mundo invisível. Newton o acreditou; Pascal o acreditou; Leibniz, Descartes, Bacon, Galileu, Dante, Marco Aurélio, Platão, Sócrates o acreditaram. – Voltaire disse: "É tão natural acreditar em um Deus único, adorá-lo e sentir no fundo de seu coração que é preciso ser justo, que, quando os príncipes anunciam essas verdades, a fé dos povos corre ao encontro de suas palavras". – E, no discurso de um teísta: "Confesso que não vejo nenhuma impossibilidade na existência de muitos seres prodigiosamente superiores a nós, os quais teriam, cada um, a intendência de um globo celeste". – Enfim, em sua resposta ao autor do *Sistema da Natureza*, ele disse: "A filosofia, segundo tu, não fornece nenhuma prova de uma felicidade por vir. Não; mas tu não tens nenhuma demonstração do contrário. Pode ser que haja em nós uma mônada indestrutível que sente e que pensa, sem que nós saibamos minimamente como essa mônada é feita. A razão não se opõe absolutamente a essa ideia, embora só a razão não a prove".

Não é, portanto, tão irracional admitir Deus, a imortalidade da alma, e mesmo os Espíritos se hierarquizando entre nós e Deus e governando o mundo sob o olho de sua providência.

Poder-se-ia mesmo dizer, sem demasiada temeridade, que o mundo se explica melhor assim do que só com a matéria. As dificuldades, nisso se convirá, são bem menores.

Como compreender, com efeito, que átomos insensíveis, pelo jogo de acaso de suas combinações, cheguem a produzir essa obra admirável onde tudo é cálculo, harmonia, medida; que espanta e confunde nossas maiores inteligências? – Como compreender, sobretudo, com um semelhante sistema, a produção da própria inteligência?

É ainda a Voltaire que recorro. Ele diz, no artigo *Deus*, de seu *Dicionário Filosófico*: "O autor pretende que a matéria cega e sem escolha produz animais inteligentes. Produzir, sem inteligência, seres que a têm! Isso é concebível? Esse sistema está apoiado sobre a menor verossimilhança?"

Mas a grande objeção dos materialistas é a invisibilidade do Espírito, a impossibilidade de apreendê-lo, mesmo com a ajuda de nossos instrumentos mais aperfeiçoados! – Eles não querem admitir senão o que se pode ver, tocar, apreender. Um anatomista disseca um cadáver; ele enumera em detalhe e mostra todas as partes que compõem o ser vivo. Uma só lhe escapa: o princípio pensante. É por isso que ele o nega. Esse raciocínio é apiedante. Ele torna a dizer que não há de realmente existente senão o que cai sob nossos sentidos ou sob nossos instrumentos. Mas quem alguma vez viu o átomo, o elemento constituinte dos corpos? – No entanto, os materialistas o admitem, uma vez que é sobre ele que deve necessariamente repousar todo o edifício de seus raciocínios. E o admitem porque a razão, esse sentido das coisas invisíveis, mostra-o claramente a eles. E a razão não nos engana mais que os outros sentidos; ao contrário, ela nos serve, em muitos casos, para retificar os erros deles.

A existência do Espírito é, portanto, probabilíssima, para não dizer certíssima. – Mas se é possível que os Espíritos existam; que as almas sobrevivam aos corpos; o que há de tão absurdo em considerar como possível sua comunicação conosco, pelo conjunto dos meios que constituem o fenômeno espírita? – Por mais que eu procure, não encontro senão uma razão: a impossibilidade de compreender a ação de um Espírito sobre um corpo. – Mas a impossibilidade de compreender uma coisa não é uma razão suficiente para negar sua existência. – Será que eu compreendo como a minha vontade mexe o meu braço? – Entretanto, o fato tem lugar. – Eu não compreendo mais como os corpos existem; como as suas diversas partes são ligadas entre si. A explicação que me dá a ciência não o é uma: é a virtude dormitiva do ópio. – Os espíritas dizem que nossa alma é imediatamente revestida de um corpo fluídico que não a deixa jamais, e que esse corpo lhe serve de intermediário para agir sobre nossos órgãos, durante a vida atual. Essa opinião não é nova. Foi sustentada, em quase todas as épocas, por homens eminentíssimos, e os fatos a confirmam. – Seria se servindo desse corpo fluídico ou *perispírito* que os Espíritos, como eles o declararam, poderiam agir sobre a matéria.

Qualquer que seja o meio empregado, se é possível que um Espírito engajado em um corpo aja sobre esse corpo, não é absolutamente impossível que o Espírito, em outras condições, aja sobre a matéria. Tudo o que se pode dizer é que o fato é extraordinário; mas também é entre os fatos extraordinários que os fenômenos espíritas estão classificados.

O fenômeno é, portanto, possível:

1º Porque nada se opõe à existência do Espírito.

2º Porque nada se opõe, tampouco, a que um Espírito desembaraçado de todo corpo visível possa agir sobre a matéria.

Mas o fenômeno é real?

Duas vias nos são abertas para chegar à verdade: a experiência direta e o testemunho dos homens. Quando se pode seguir uma e outra, é uma vantagem que se faz bem em não negligenciar; mas cada uma delas em particular pode nos conduzir seguramente ao objetivo, desde que saibamos segui-la e, sobretudo, que nos coloquemos em rota com o desejo sincero de chegar.

Há muitos modos, hoje, de conceder pouco valor ao testemunho, e, no entanto, em vários casos, essa via é infinitamente mais segura que a outra.

Eu quero, por exemplo, conhecer a natureza das substâncias que entram em um composto químico e suas proporções respectivas. Se faço eu mesmo a experiência, há tudo a apostar que me enganarei, uma vez que eu não sou químico. Mas, se eu me dirijo a um químico hábil e honesto, é excessivamente provável que o resultado da sua experiência será a verdade. – Se eu não me atenho a ele; que eu consulte um segundo, um terceiro, um quarto, e que todos concordem perfeitamente; a menos que eu seja louco, terei adquirido uma certeza completa. E, nesse caso, não me terei reportado cegamente ao testemunho de outrem: terei obedecido às prescrições de minha razão.

Mas, diz-se, há casos em que o testemunho humano não poderia ser admitido. – Por minha conta, não conheço senão um: aquele em que se acredite o único capaz de julgar; e esse caso é um caso de loucura orgulhosa. – E a loucura é ainda maior naquele que declara o fenômeno espírita impossível, como contrário a todas as leis da natureza; pois ele afirma, por isso mesmo, que todas as leis da natureza lhe são conhecidas.

Eu segui as duas vias, e elas me conduziram igualmente a reconhecer a realidade dos fatos espíritas. Aprendi também a não me fiar cegamente nos médiuns. Há, entre eles, com efeito, os que não podem se resignar com a perda momentânea ou definitiva de sua faculdade. Para supri-la, eles então recorreram ao ardil. Mas, que o saibam bem, eles não chegam, assim, a enganar senão as pessoas crédulas e os observadores superficiais.

Não falarei do que eu já vi, embora eu o tenha visto tão frequentemente, estudado com tanto cuidado e em condições tais, que, para renunciar a acreditar nisso, ser-me-ia preciso renunciar a acreditar em toda a realidade do mundo exterior. Não podendo agir sobre o leitor senão pela autoridade do testemunho, prefiro lhe trazer o de homens muito mais autorizados do que eu, e alguns dos quais são de uma grandeza tal que seria insensato não se inclinar diante deles.

O fenômeno espírita que se considerou como uma grande novidade não é, no entanto, nascido de ontem: ele é tão velho quanto a humanidade. – "O que me espanta é que se espantem com ele", respondeu o R. P. de Ravignan, aos que perguntavam ao célebre pregador se não estava surpreso.

E o abade Lacordaire, escrevendo à Senhora Swetchine, em 20 de junho de 1853: – "Viste girarem e ouviste falarem as mesas? – Eu desdenhei vê-las girar, como uma coisa demasiado simples, mas as ouvi *e as fiz falar*. Elas me disseram coisas bastante notáveis sobre o passado e sobre o presente. Por mais extraordinário que isso seja, é, para um cristão que acredita nos Espíritos, um fenômeno muito comum e muito pobre. *Em todos os tempos*, houve modos mais ou menos bizarros para se comunicar com os Espíritos; somente, outrora, fazia-se mistério desses procedimentos, *como se fazia mistério da química*; a justiça, por execuções terríveis, rechaçava à sombra essas estranhas práticas. Hoje, graças à liberdade de cultos e à publicidade universal, o que era um segredo se tornou uma fórmula popular. *Talvez por isso, por essa divulgação, Deus queira proporcionalizar o desenvolvimento das forças espirituais ao desenvolvimento das forças materiais, a fim de que o homem não esqueça, em presença das maravilhas da mecânica, que há dois mundos inclusos um no outro: o mundo dos corpos e o mundo dos Espíritos*".

– "Qualquer que seja o vento do dia (diz Sr. Guizot, em suas *Meditações sobre a Essência da Religião Cristã*), é uma rude tarefa a abolição do sobrenatural, pois a crença no sobrenatural é um fato natural, primitivo, universal, permanente na vida e na história do gênero humano. Pode-se interrogar o gênero humano em todos os tempos, em todos os lugares, em todos os estados da sociedade, em todos os graus da civilização; ele será encontrado sempre e por toda parte acreditando

O Espiritismo Perante a Razão

espontaneamente em fatos, em causas fora deste mundo visível, desta mecânica viva que se chama a natureza. Por mais que se estenda, explique, magnifique a natureza, o instinto do homem, o instinto das massas humanas aí jamais se encerrou; ele sempre buscou e viu alguma coisa além."

Para se convencer da verdade das palavras de Sr. Guizot, não é necessário ter um conhecimento bem aprofundado da História. Não a conheço senão muito imperfeitamente; e, no entanto, se eu quisesse citar em detalhe todos os testemunhos que pude recolher nela, teria com que escrever volumes. – Contentar-me-ei, portanto, em respigar ao acaso nas lembranças que minhas leituras me deixaram, e será suficiente.

Aí encontro que os livros sagrados de todos os povos, que historiadores graves, oradores, filósofos, cientistas, guerreiros, homens de todas as condições, de todos os países, opostos de interesse, de opinião, de caráter, concordam em afirmar esses fatos qualificados de maravilhosos, de milagrosos, de sobrenaturais, que se têm obstinado em considerar como impossíveis, e dos quais nós podemos hoje constatar a realidade, porque se reproduzem sob nossos olhos com os mesmos caracteres e com uma frequência que espanta.

Vede a Bíblia! Moisés aí proíbe seu povo de interrogar os mortos. (*Deut., cap. XVIII, v. 11*) – Pode-se supor que Moisés fosse homem de editar uma lei contra um delito imaginário? – E os hebreus não eram os únicos a se entregar a essas práticas! – No Egito, de onde eles saíam, elas eram muito comuns; da mesma forma, entre todos os povos vizinhos deles.

Todo o Antigo Testamento é pleno de fatos milagrosos.

No início, é a serpente, símbolo evidente das más influências, que tenta nossos primeiros pais; é o Senhor ou seu Anjo, representando os bons Espíritos, que os remete para a boa via, em lhes fazendo compreender que o único fruto capaz de apaziguar completamente a fome do homem é o que ele mesmo produz por seu trabalho.

Deus fala a Caim, a Noé, a Abraão, a Ló, a Sara, a Agar. Jacó luta contra um anjo. José interpreta os sonhos se servindo de uma taça, como fazem ainda certos videntes de nossos dias. Moisés luta com prodígios contra os mágicos do faraó.

Ele recebe do alto a lei gravada sobre tábuas de pedra, e, no momento de morrer, ele transmite sua faculdade a Josué, pela imposição das mãos, como farão mais tarde os apóstolos, e como fazem ainda em nossos dias certos médiuns. – "Quanto a Josué, filho de Nun (diz o *Deuteronômio, capítulo XXXIV, v. 9*), foi cheio do espírito de sabedoria, *porque Moisés lhe impusera as mãos*".

Mais tarde, e após muitas outras maravilhas, é a pitonisa de Endor que, a pedido de Saul, evoca e faz aparecer o Espírito de Samuel. – É uma intervenção incessante do mundo invisível no mundo visível, um diálogo quase ininterrupto entre o homem, de um lado; Deus ou os bons Espíritos, Satã ou os maus, do outro.

Enfim, chegamos ao Cristo. A era nova se abre. O Novo Testamento sucede ao Antigo. – O que vejo logo na entrada? – O Anjo que anuncia a Maria que ela dará à luz o Salvador. E a vida do Cristo não é senão um tecido de prodígios. – Ele morre. Seus fracos discípulos, assustados por seu suplício, sentem sua fé prestes a se esvanecer. Mas ele lhes aparece de novo, como lhes havia prometido: Tomé pode tocá-lo, pôr o dedo nas chagas de suas mãos, de seus pés, de seu lado. – Este último milagre arrasta, enfim, esses homens, a quem não pudera convencer o maior de todos: a sublimidade de sua moral e a santidade de sua vida; e o mundo é salvo!

Os Atos dos Apóstolos, as Epístolas não são menos fecundas em fatos desse gênero. – Há, do ponto de vista da produção do fenômeno, entre essa época e a nossa, uma analogia marcante. Bastar-me-á, para disso convencer o leitor, citar textualmente os versículos seguintes do capítulo XII da 1ª Epístola de São Paulo aos Coríntios. O apóstolo aí descreve os diversos gêneros de mediunidade, como poderia fazê-lo um espírita de nossos dias.

"8. Um, diz ele, recebe do Santo Espírito o dom de falar em uma alta sabedoria; outro recebe do mesmo Espírito o dom de falar com ciência;

9. Outro recebe o dom da fé pelo mesmo Espírito; outro recebe do mesmo Espírito a graça de curar as doenças;

10. Outro, o dom de fazer milagres; outro, o dom de pro-

fecia; outro, o dom do discernimento dos Espíritos; outro, o dom de falar diversas línguas; outro, o dom da interpretação de línguas."

E o movimento não se detém na época apostólica: ele continua até nossos dias. A história da Igreja, as vidas dos santos não são plenas de fatos maravilhosos?

Mas, como eu disse, nossa história religiosa não é a única a nos fornecer tais exemplos. Eles abundam na história religiosa dos outros povos, assim como na história profana.

Na China, na Índia, desde a antiguidade mais recuada, como na época atual, evocam-se os mortos, empregando quase os mesmos procedimentos. Apolônio, na morada dos sábios, dos brâmanes, vê estátuas e tripés de bronze se colocarem por si mesmos em movimento e servirem a mesa. Iarcas e os seus se sustentam no ar, como Home e outros médiuns de nossos dias. Em todos os templos antigos, pelo relato de Heródoto, de Plutarco e dos historiadores mais graves, serve-se do sono magnético para o tratamento de doenças. A história da Grécia e de Roma nos mostra os deuses e os semideuses intervindo nos assuntos humanos ao menos tão frequentemente quanto Jeová e seus anjos na história judaica. As pitonisas, as sibilas, os áugures os adivinhos, os médiuns, numa palavra, são personagens revestidos de um caráter sagrado, que preenchem funções públicas, e não se empreende nada de importante sem consultá-los. Os reis gregos que vão assediar Troia têm Calcas; e é a resposta desse adivinho que causa a morte da infeliz Ifigênia. O oráculo falou: Agamenon, o rei dos reis, vê-se forçado a sacrificar sua filha!

Creso, rei da Lídia, um cético, quer, pelo relato de Heródoto, pôr à prova a lucidez dos oráculos de seu tempo; mas a resposta daquele de Delfos lhe prova logo que, malgrado todas as precauções tomadas, ele não pôde lhe esconder seus atos.

Os sonhos proféticos de Alexandre são reportados por muitos historiadores. O mais célebre é o que esse guerreiro teve no momento em que partia para a conquista do Oriente. Ele viu um homem revestido de ornamentos pontifícios, que lhe anunciou o sucesso de seus desígnios. Mais tarde, quando ele marchava para Jerusalém, um homem veio ao seu encontro. Era o pontífice de seu sonho, o sumo-sacerdote Jadua, que tinha, durante seu sono, recebido a ordem de Deus de ir ao encontro do conquistador. Alexandre, admirado, poupou a cidade. Esses tipos de sonhos se encontram em todas as épocas da história. Os presságios aí abundam também. – César despreza os terrores de sua mulher e as advertências de Espurina. "Os idos de março vieram", diz ele, escarnecendo, a este último. – "Eles não passaram", responde o outro tristemente. E, antes do fim do dia, o altivo conquistador cai, em pleno senado, sob os punhais dos conjurados.

Catão, o Censor, ocupava-se de magia. A fórmula de que ele se servia para curar as luxações nos foi conservada em suas obras. É, assegura-se, a mesma que pronunciam os *tocadores* em certas partes da França. – O mesmo espectro aparece duas vezes a Brutus e lhe fala. – Cícero compôs um tratado da adivinhação, onde reporta os fatos mais extraordinários, que não se podem explicar senão pelo Espiritismo. – "Assim, diz o Marquês de Roys (em um opúsculo que terei ocasião de citar), a escola filosófica de Alexandria, tão célebre e tão acreditada em nossos dias, via seus chefes mais ilustres, Porfírio, Celso, Jâmblico, Proclo e seu digno aluno Juliano, o Apóstata, renovarem tudo o que se passava outrora nos santuários egípcios, fazerem fantasmas aparecerem, as almas dos mortos falarem, porem em movimento, sem tocá-los, os objetos mais pesados; mergulharem no êxtase (no sono magnético) pessoas afastadas, estranhas, a grandes distâncias, pelo simples contato de coisas preparadas (magnetizadas) por sua arte; enfim, tudo o que se vê fazer hoje por todos os médiuns de renome, tais como Home, Squire, etc..., e os grandes magnetizadores, tais como Regazzoni".

Toco na Idade Média. Se se dirigiram reprovações a essa época, não foi certamente, nisso se convirá, a de carecer do maravilhoso. Ele é abundante em todas as páginas de sua história. Mas não vades crer que só é encontrado nos historiadores que podem ser tachados de fraqueza de espírito. Bem longe disso! – Um só exemplo me bastará para provar o contrário. Boccaccio jamais foi, que eu saiba, considerado como um espírito fraco. Eis, em resumo, um fato que ele reporta em sua vida de Dante, de quem era, embora mais jovem, contemporâneo.

Dante morto, seus filhos e seus discípulos procuraram em vão, durante vários anos, em seus papeis, os treze últimos cantos da *Divina Comédia*. Vendo que todas as suas pesquisas eram vãs, Jacopo e Pietro, seus dois filhos, ambos poetas, formaram o desígnio de acabar a obra paterna. Mas Jacopo, o mais fervoroso dos dois, desistiu logo de seu presunçoso empreendimento; e eis o porquê. Uma noite, seu pai Dante lhe apareceu em sonho, e lhe mostrou que o que eles tinham tanto e tão inutilmente procurado se achava, escondido por uma esteira pregada na parede, no quarto onde ele morrera e que habitara nos últimos tempos de sua vida. Jacopo se levanta logo, vai encontrar Piero Giardino, discípulo de seu pai, e eles se dirigem juntos ao lugar indicado. Levanta-se a esteira, que escondia, com efeito, uma espécie de cavidade, onde se encontra o que o Espírto de Dante tinha anunciado. Foi assim que a *Divina Comédia* pôde nos chegar completa.

O maravilhoso se encontra em todas as páginas da história moderna. É preciso reconhecer, entretanto, que ele aí ocupa um lugar um pouco menor: – a parte da fraude e da cega credulidade diminui necessariamente à medida que os homens se esclarecem.

O marquês Chrétien Juvénal des Ursins, tenente geral de Paris, reporta, como tendo-o ouvido, o estardalhaço espantoso de vozes tumultuosas e de gemidos *"mesclados de uivos de raiva e de furor"* que irrompeu totalmente no ar, ao redor do Louvre, em 31 de agosto de 1572, oito dias após o massacre de São Bartolomeu. O rei Carlos IX, que acabava de se deitar, ouviu-o, ficou aterrado e não dormiu por toda a noite. – Esse prodígio foi atestado pelo próprio Henrique IV! D'Aubigné disse tê-lo ouvido narrar várias vezes.

Falarei de Urbain Grandier e dos religiosos de Loudun? – Esses fatos são célebres. Foram negados. Mas as peças do processo existem; e o padre Surin, que passa por ter sido um homem esclarecido e de boa fé, – sua maneira de combater a possessão da madre Joana dos Anjos prova a superioridade de sua razão – deixou-nos, sobretudo, a história detalhada dos terríveis assaltos aos quais ele fora exposto da parte dos Espíritos maus, e dos quais, para um homem de seu tempo, não se deu conta tão mal.

Não farei senão mencionar os profetas cevenenses. Parece, lendo sua história, que o entusiasmo solta os laços que prendem a alma ao corpo, e que ela pode, assim, comunicar-se mais facilmente com o mundo invisível.

Estamos sob o reinado de Luís XIV. Seu historiador Saint-Simon, que não era, este, um homem de entusiasmo, reporta como verdadeiros, mas sem procurar explicá-los, vários fatos maravilhosos. – O mais conhecido é o do ferreiro de Salons. – Sabe-se que esse homem teve muitas vezes a visão da defunta rainha, que lhe ordenou cada vez, e por fim com ameaças, ir encontrar o rei, para lhe revelar certas coisas que só ele devia ouvir. Esse pobre homem se decidiu, enfim, e, do fundo da Provença, dirigiu-se a Versalhes.

– "Alguns dias depois", diz Saint-Simon, reportando as conversas do marechal com o rei, "viu-o ainda da mesma forma e, a cada vez, permaneceu mais de uma hora com ele e tomou guarda para que ninguém fosse ao alcance deles. No dia seguinte à primeira vez em que conversaram, enquanto ele descia por essa mesma escadinha para ir à caça, Sr. Duras, que tinha o bastão, e que era calçado de uma consideração e de uma liberdade para dizer ao rei tudo o que lhe aprazia, pôs-se a falar desse ferreiro com desprezo, e a dizer, de maus provérbios, que era um louco ou que o rei não era nobre; a essa palavra, o rei se deteve e, voltando-se para o marechal Duras, o que ele jamais fazia marchando: – 'Se é assim, disse--lhe, eu não sou nobre; pois conversei com ele longo tempo; ele me falou com muito bom senso; e te asseguro que ele está longe de ser louco'. *Estas últimas palavras foram pronunciadas com uma gravidade imponente que surpreendeu muito a assistência.*

Após a segunda conversa, o rei conveio em que aquele homem lhe dissera uma coisa que lhe acontecera havia mais de vinte anos, e que só ele sabia, porque jamais o dissera a quem quer que fosse; e acrescentou que era um fantasma que ele tinha visto na floresta de Saint-Germain, e do qual estava seguro de jamais ter falado."

Eis-nos chegados ao décimo oitavo século, ao século da filosofia, de Voltaire, de J. Jacques, de Diderot, de Helvétius, de D'Holbach, do grande Frederico! – O maravilhoso não ousará, sem dúvida, mostrar-se! – Ele se mostra, no entanto! – Não é também o século de Swedenborg, do conde de Saint-Germain, de Cagliostro, de Mesmer, de Cazotte, dos Convulsionários? – E não é tudo! Eis o que diz, em seu tratado *Das Relações do Físico e do Moral do Homem*, esse evangelho do materialismo, o médico Cabanis: – "Conheci um homem sapientíssimo e muito esclarecido, o ilustre B. Franklin, que acreditava ter sido várias vezes instruído em sonho sobre o resultado dos assuntos que o ocupavam no momento. Sua cabeça forte e, aliás, inteiramente livre de preconceitos não pudera se garantir de toda ideia supersticiosa em relação a essas advertências interiores. Ele não dava atenção ao fato de que sua profunda prudência e sua rara sagacidade dirigiam ainda a ação de seu cérebro durante o sono, como se pode observar frequentemente, mesmo durante o delírio, nos homens de um moral exercitado." – Tudo isso não é um verdadeiro tecido de contradições, e a lógica do materialista Cabanis não deve parecer bem estranha? – Mas admitamos a intervenção de Espíritos estranhos, como o admitia o sábio Franklin, ou bem a existência da alma independente dos órgãos e mais livre durante o sono, e tudo se explica facilmente.

A Revolução se aproxima. Cerca de dez anos antes que ela irrompa, uma jovem crioula da Martinica se dispõe a partir para a França. Uma velha negra lhe prediz que ela se casará logo, tornar-se-á viúva e, pouco tempo depois, rainha da França. Alguns anos decorrem, e a jovem viúva de Beauharnais é tornada a imperatriz Josefina.

Semelhantes predições foram então feitas a outros personagens, a Bernadotte, por exemplo, que nelas acreditava firmemente.

O pai do primeiro Napoleão, nas lucidezes da agonia, entreviu a grandeza futura de seu filho, que nada podia ainda fazer pressagiar, pois ele saía apenas da escola militar.

O Império teve a Senhorita Lenormant. Os primeiros personagens desse tempo, o próprio Imperador, consultaram-na.

Este último tinha em comum, com a maior parte dos grandes conquistadores, predecessores seus, que ele acreditava no maravilhoso. – Era também um espírito fraco?

Sob a Restauração, Thomas Ignace Martin, pobre lavrador da Beauce, desempenhou junto de Luís XVIII um papel totalmente análogo ao que o ferreiro de Salon realizara junto de Luís XIV. – Na mesma época, o príncipe de Hohenlohe era célebre como médium curador.

No início do reinado de Luís Filipe, a Senhorita Pigeaire, filha de um médico de Montpellier, pode ler sem o socorro dos olhos. Sr. Pigeaire e vários de seus confrades, entre outros, o professor Lordat, uma das glórias médicas da França e um dos primeiros fisiologistas da Europa, tinham constatado sua faculdade. É verdade que Srta. Pigeaire fracassou diante dos acadêmicos de Paris. Mas por quê? – Porque se lhe impuseram precisamente as condições que Sr. Lordat, em seu relatório, tinha declarado inadmissíveis, e que o pai, temendo pela saúde de sua filha, recusou-se a se submeter. – Os acadêmicos triunfam; mas as pessoas sérias, e, entre elas, muitos cientistas, não acreditam menos, por isso, na faculdade da Senhorita Pigeaire, porque, de outro modo, seria preciso declarar incapazes tanto Sr. Lordat quanto os médicos que, como ele, constataram-na.

Alguns anos mais tarde, em janeiro de 1846, uma faculdade de um outro gênero, mas não menos extraordinária, desenvolve-se totalmente em Angélica Cottin, pequena camponesa normanda, de cerca de treze a quatorze anos. Só sua presença basta para que todos os móveis de um apartamento se ponham por si mesmos em movimento. Uns se arremetem a ela, outros fogem num sentido oposto. Uma multidão de pessoas pode ver esses fatos e, entre elas, pessoas muito esclarecidas, um cientista, Sr. de Farémont, que se exprime assim, em uma carta endereçada, em 1º de novembro de 1846, a Sr. de Mirville: – "Os fenômenos não cessaram... Eu vi, vejo e verei sempre, quando o quiser, as coisas mais curiosas e mais inexplicáveis, pois eis, senhores, a pedra de tropeço, é que todos os vossos cientistas nada compreendem disso, não mais do que eu. *Eles deveriam ver e estudar.* Nós, que vimos, acreditamos

O Espiritismo Perante a Razão

porque todos os fatos que se passam sob nossos olhos *são palpáveis e não podem ser refutados como nada*; as pessoas que se creem instruídas baixam a orelha e se calam; as massas dizem que a criança é enfeitiçada e não feiticeira, pois ela é simples demais para que lhe concedam essa denominação; quanto a mim, vi tantos efeitos diversos produzidos nela pela eletricidade, vi tão bem, em certas circunstâncias, os bons condutores operarem e, em outras, nada produzirem, que, se se seguissem as leis gerais da eletricidade, haveria constantemente o pró e o contra; por isso, estou bem convencido de que há nessa criança um outro poder que a eletricidade".

O ilustre Arago e os Srs. Mathieu e Laugier, seus colegas, estudaram atentamente esses fatos e reconheceram sua realidade. Arago fez deles um relatório detalhado à Academia de Ciências, sobre a qual ele não causou mais impressão do que se fosse o último dos ignorantes. Uma comissão foi nomeada, e nada se produziu perante ela. Disso se concluiu pela não existência da faculdade, ao passo que, em boa lógica, dever-se-ia concluir por sua intermitência. A menos, no entanto, que se queira que os cientistas e um Arago, *homem único na ciência!*, de acordo com o autor do *Cosmos*, não sejam capazes de bem ver e de bem apreciar os fatos, se não fizerem parte de uma comissão oficial, como este ridículo personagem de comédia que não podia bem ouvir o que se lhe dizia se não estivesse revestido de seu roupão!

Chegamos, enfim, à época em que o fenômeno toma o nome sob o qual é conhecido hoje. Essa época, nós o sabemos, começa, para a América, em 1848, para a França e a Europa, em 1852.

Aqui, os testemunhos são tão numerosos que o único embaraço que se possa experimentar é o da escolha. É preciso, no entanto, decidir-se. Iremos, de preferência, tomá-los entre os adversários do Espiritismo, ou entre aqueles que, sem combatê-lo, não aceitam a qualificação de espíritas.

Sr. Marquês de Roys, antigo aluno da Escola Politécnica, numa brochura que já citei e que tem por título *A Verdade sobre o Espiritismo*, diz página 17: "Um dos fatos mais extraordinários dessa natureza que foram citados é o que trouxe a convicção mais profunda ao grande juiz Edmonds, dos Estados Unidos. Até aí, ele se mostrava muito incrédulo em todos os fatos desse gênero. Ele tinha perdido, há algum tempo, um filho de 18 anos, da maior esperança, e sua mágoa era extrema. Diz-se a ele para intimar, *mentalmente*, uma ordem ao médium, cuja mão, impelida pelo lápis, escreveu rapidamente durante um tempo bastante longo. Passa-se a ele o papel. Ele solta um grito em reconhecendo não somente a escrita de seu filho, mas as abreviações que lhe eram familiares e, mesmo, uma falta de ortografia que ele fazia quase sempre". E mais adiante, página 30: "Entre os médiuns que, seja por sua organização, seja antes se aplicando com ardor a essas práticas, chegam a um alto poder, citam-se os que se tornam sonâmbulos voluntários, sem terem necessidade de estar adormecidos. O exemplo mais notável, de nosso conhecimento, é o de Laura Edmonds, citado por Sr. des Mousseaux. Ela chegou a ver, sem êxtase aparente, objetos ou acontecimentos a uma grandíssima distância, a falar com uma extrema pureza todas as línguas que ela ignora. Esses fatos são atestados por seu pai, o grande juiz Edmonds, de que já falamos, e por alguns outros personagens eminentíssimos dos Estados Unidos".

Mas não é somente na América que os homens mais dignos de fé, os personagens mais elevados, acreditam no fenômeno e com ele se ocupam. Em toda a Europa é assim: jornais e livros espíritas se publicam em suas diversas regiões.

Vários jornais disseram e repetiram que a rainha da Inglaterra é médium e se comunica diariamente com o Espírito de seu marido. Jamais se deu desmentido a esses jornais: o fato é, pois, verdadeiro.

La Gazette du Clergé, coletânea hebdomadária que se imprime em Paris, trouxe, há não mais de três a quatro anos, um artigo assinado por Th. Paulier, donde resulta que o papa Pio IX foi, ao menos uma vez em sua vida, médium vidente. Os redatores de uma semelhante folha se permitiriam adiantar um tal fato se ele não fosse autêntico? – Ademais, o Santo Padre curou, por suas preces, a princesa Sophia Odescalchi, que a Faculdade de Medicina tinha abandonado. – Essa cura teve lugar em 1865 e foi instantânea, como as curas do zuavo

O Espiritismo Perante a Razão

Jacob, de que me ocuparei mais adiante.

Na França, nós conhecemos já a opinião de Victor Hugo, de Vacquerie, da Sra. de Girardin, de A. Karr, do padre Lacordaire, de Sr. Guizot. Os desenhos medianímicos de Sardou, o autor dramático de renome, foram publicados por jornais ilustres. Muitos dos grandes jornais, de início, bem hostis, viram-se forçados, diante do número e a evidência dos fatos, a modificar sua polêmica. O próprio *Charivari*, em seu nº de 18 de fevereiro de 1866, traz um artigo assinado por Louis Leroy, onde o signatário faz o relatório de uma sessão à qual ele assistiu na casa da Sra. de la R..., na companhia do Sr. e da Sra. Victor Borie, de Edouard Plouvier e do doutor Feytaud. O médium é um jovem operário que não se pode, diz Sr. Leroy, acusar de charlatanismo, uma vez que não somente ele recusa toda espécie de salário, mas não quer mesmo que se o nomeie. Sr. Leroy termina assim seu artigo: (é um diálogo suposto com seu leitor) – "Não temes, portanto, que te tratem como joguete?" (É o leitor que fala) – "De forma nenhuma, e me permito mesmo achar bastante tolas as pessoas que, após terem se espantado bem forte, após terem soltado todas as exclamações imagináveis, uma vez entradas em suas casas, tratem como bobagens o que as surpreendeu tão prodigiosamente uma hora antes. *O homem que viu e que nega está um grau abaixo daquele que crê sem exame, e nem um nem outro desses dois casos é meu feito*".

Albéric Second, em *Le Grand Journal* de 4 de junho de 1865, reporta dois fatos cuja autenticidade não me parece poder ser posta em dúvida. – O primeiro é o "de uma camponesa, recentemente descida das montanhas do Jura", e que, no estado sonambúlico, tem a propriedade de ler o porvir. – No segundo, trata-se "de um dos nossos professores de piano mais estimados e mais honrados, bisneto do grande Sebastian Bach, do qual ele leva dignamente o nome ilustre".

Em maio de 1865, o filho desse nosso professor Bach lhe traz uma espineta admiravelmente esculpida. O pai não se contém de alegria de ser o proprietário de um tão precioso instrumento. À noite, ele tem um singular sonho: um homem lhe aparece, vestido como se fosse do tempo de Henrique III. Ele tinha sido, diz-lhe, o músico e o favorito desse rei. A espineta lhe pertencia. Ela lhe serviu frequentemente para distrair seu mestre. Ele fala de uma ária com palavras que Henrique III compôs, sendo ainda muito jovem, "que ele se aprazia em cantar e que eu tocava com ele muitas vezes".

"Então, o homem do sonho se aproximou da espineta, fez alguns acordes e cantou a ária com tanta expressão, que o professor Bach despertou, todo em lágrimas. Acendeu uma vela, olhou a hora, constatou que eram duas horas após meia-noite, e não tardou a adormecer de novo.

É aqui que o extraordinário começa.

No dia seguinte, em seu despertar, o professor Bach não ficou pouco surpreendido ao encontrar, sobre sua cama, uma página de música, coberta de uma escrita finíssima e de notas microscópicas. Foi com dificuldade que, com a ajuda de seu binóculo, o professor Bach, que era muito míope, chegou a reconhecê-las no meio desse rabisco.

No instante seguinte, o bisneto de Sebastian se assentava ao seu piano e decifrava a peça. A romança, as palavras e a sarabanda eram exatamente conformes às que o homem do sonho lhe fizera ouvir durante seu sono.

Ora, o professor Bach não é sonâmbulo; ora, ele jamais escreveu um só verso em sua vida, e as regras da prosódia lhe são completamente estranhas."

Segue-se a romança e um extrato do jornal de *L'Estoile*, donde parece resultar que foi composta em honra de Marie de Clèves, e que o homem do sonho não era outro que Baltazarini, músico italiano, favorito de Henrique III.

"Foi o Espírito de Baltazarini que escreveu a romança e a sarabanda? (diz Albéric Second, ao terminar) – "Mistério que não ousamos aprofundar".

Os jornais de Paris e os departamentos citaram muitos outros fatos, que seria demasiado longo enumerar aqui. Aliás, poucas pessoas os ignoram.

Mas não posso me dispensar de dizer uma palavra sobre as curas maravilhosas operadas pelo zuavo Jacob, que, recentemente ainda, tanto emocionaram a opinião pública. Sabe-se que esse simples músico dos zuavos da Guarda não emprega

O Espiritismo Perante a Razão

nenhum remédio para curar doenças reputadas incuráveis: uma só palavra de sua boca, um só olhar de seus olhos, bastam, ordinariamente.

Esses fatos, malgrado alguns negadores obstinados e cegos, permanecem incontestáveis.

Uma multidão tão considerável não iria encontrá-lo se ele não tivesse curado ninguém; e prefiro, sobre isso, reportar-me ao testemunho público de homens honrosos que foram curados por ele, do que às afirmações contrárias e de partido tomado de pessoas que nada viram.

Mas, diz-se, ele não curou todo mundo. – De acordo. – Mas a única consequência racional a tirar disso é que sua faculdade é limitada e não se exerce todas as vezes que ele o queira; que não depende dele; e é, de resto, o que ele mesmo diz. E isso acontece todos os dias a outros, e aconteceu em todo tempo e a maiores que ele: ao Cristo, por exemplo. – "58. E ele não fez ali muitos milagres, *por causa da incredulidade deles*" (S. Mateus, c. XIII.) – "5. E ele não pôde fazer ali nenhum milagre, a não ser curar *um pequeno número* de doentes, impondo-lhes as mãos";

"6. De sorte que *ele admirava a incredulidade deles*". (S. Marcos, c. VI.)

Por que a incredulidade, as disposições malevolentes dos assistentes são geralmente um obstáculo ao exercício das faculdades medianímicas? – É, sem dúvida, uma questão de fluidos, que os fisiologistas, os médicos, deveriam estudar. Mas há também, frequentemente, uma causa mais elevada: a intervenção de uma vontade superior, perante a qual todo homem sensato se inclina, respeitoso e resignado.

Além dos médiuns curadores, há aqueles que servem de instrumento aos Espíritos para dar consultas.

Eis o que me escrevia, em 20 de maio de 1863, um médico dos mais honrados, um velho venerado por sua inesgotável caridade, o Sr. doutor Demeure, de Albi, que, infelizmente para os pobres dessa cidade, não é mais deste mundo: – "A Sra. R... te induziu um pouco em erro sobre a questão de médium curador. Nós não temos médium curador, mas bem um Espírito médico que tem a bondade de vir ao nosso apelo e que é homeopata porque eu sou homeopata, talvez. Esse Espírito tem me prestado verdadeiros serviços, seja para mim, seja para outros doentes. *Concebes que não abuso disso e que não o consulto senão para casos rebeldes à medicina"*.

A médium que servia de instrumento a esse Espírito era a mulher de um alto empregado.

Volto à brochura do Marquês de Roys. Leio aí, p. 67: "Um fato bem notável é que, no meio de tantas revelações enganosas, elas não tenham dado informações positivas sobre as ciências naturais. Em uma só circunstância, nas reuniões que tinham lugar no Museu de Artilharia, em 1864, o Sr. Barão B..., antigo conselheiro de Estado, perguntou se ela podia lhe esclarecer a teoria, bastante confusa ainda, da *luz polarizada*: 'Certamente, respondeu a mesa, mas o homem devendo aí chegar por suas próprias pesquisas, não temos nada a lhe dizer a esse respeito'".

Essas palavras podem razoavelmente ser atribuídas a um mau Espírito? – E, no entanto, como o direi mais adiante, o Sr. Marquês de Roys é um dos que sustentam que só o Demônio se comunica.

Não é raro, de resto, obter respostas análogas. Eu encontro um exemplo disso no relato que Vacquerie nos fez da estada da Senhora de Girardin na casa de Victor Hugo, em Jersey, e de que já fiz menção.

"É sempre o mesmo Espírito que está aí?, perguntou Sra. de Girardin. A mesa deu duas batidas, o que, na linguagem convencionada, significava não. – Quem és, tu? A mesa respondeu o nome de uma morta, viva em todos os que estavam ali.

Aqui, a desconfiança renunciava: ninguém teria tido o coração nem a afronta de fazer diante de nós uma armação dessa monta. Uma mistificação já era bem difícil de admitir, mas uma infâmia! A suspeição se desprezara a si mesma. O irmão questionou a irmã que saía da morte para consolar o exílio; a mãe chorava; eu sentia distintamente a presença daquela que arrancara o duro golpe de vento. Onde estava ela? Amava-nos para sempre? Era feliz? Ela respondia a todas as questões, ou respondia que *lhe era interdito responder*. A noite avançava, e nós permanecíamos ali, a alma pregada na invisível aparição.

O Espiritismo Perante a Razão

Enfim, ela nos disse: adeus! E a mesa não se moveu mais."

Quando, a todas as autoridades que já citei, eu acrescentar as do abade Bautain, doutor em Direito, em Medicina, em Letras e em Teologia; de Sr. Thury, o erudito professor de História Natural, em Genebra; de Sr. de Saulcy, membro do Instituto; de Sr. Jobard, de Bruxelas; de Camille Flammarion, o jovem e sábio astrônomo de André Pezzani, advogado na Corte Imperial de Lyon, laureado do Instituto; do Sr. conde Agenor de Gasparin, que todos se ocuparam do fenômeno com todas as precauções que a prudência inspira a tais homens, e dele constataram, em graus diversos, a realidade, parece-me que terei suficientemente provado que o fenômeno é, com efeito, real. Aliás, – coisa digna de ser notada! – é, sobretudo, entre as classes esclarecidas que se conta o maior número de crentes.

Mas não há alguma coisa de bem surpreendente no próprio fato dessa explosão inesperada e universal, em pleno século XIX, um século após Voltaire e os enciclopedistas, desses fatos chamados maravilhosos, sobrenaturais, que se acreditava não poderem se produzir senão no seio de populações ignorantes, de civilizações ainda no início? – Por que, sobre todos os pontos da Terra de uma vez, como se fosse o resultado de uma palavra de ordem, uma multidão de homens de todas as condições, desde o pastor até o rei, desde o pensador mais independente até o chefe supremo da religião católica, afirmam-nos ou deles são os autores, às vezes inconscientes? – Por que, do fundo da América, como da extremidade da Ásia, médiuns obedecendo aos Espíritos escrevem a Paris, àquele que eles chamam o *mestre*, a um homem que, ontem ainda, era confundido na multidão, e que de repente se encontra em posse de um dos maiores renomes de nossos dias? – Não há aí, repito-o, alguma coisa que espanta e que força a refletir?

Mas, ainda que o valor do que eu avancei, respigando quase ao acaso em minhas memórias históricas e nos fatos contemporâneos, fosse tão fraco quanto é irresistível, não consideraria minha causa como perdida. Guardei para o fim o mais forte de meus argumentos, o que, sozinho, em minha visão, teria bastado para me dar a vitória. Não falei de Sócrates; mal falei uma palavra do Cristo e de seus apóstolos; calei-me sobre Maomé e Joana d'Arc. Aqui, o fenômeno é tão estrondoso, a evidência é tal, que, a menos que se seja daqueles de que fala a Escritura, que têm olhos para não ver e ouvidos para não ouvir, não se pode se impedir de ser convencido.

Sócrates, sabe-se, é o pai da filosofia. Disse-se dele que a fez descer do céu sobre a terra, para mostrar que ele a desprendeu das nuvens do sonho e a estabeleceu sobre o terreno sólido da razão. O que o distingue entre todos os filósofos é seu requintado bom senso, sua medida, sua profunda sabedoria. Platão, seu mais ilustre discípulo, está bem longe de se lhe igualar. Ele pôs asas em Sócrates, diz, em alguma parte, Lamartine. – Sim, mas são as asas de Ícaro! – Mas Sócrates teve uma grande infelicidade aos olhos de certas pessoas: – ele foi médium! – Ele conversava com um Espírito, um demônio, um deus! – Ele assegurava que, em muitas circunstâncias, esse ser invisível lhe desvelava o porvir, e disso dava provas. – Sócrates era alucinado! Sócrates era louco!... É a conclusão de um livro que o Sr. doutor Lélut consagrou ao demônio de Sócrates.

– "Esses mistérios (diz Henri Berthaud, no jornal *La Patrie*, 25 de junho de 1859) pertencem à loucura? Sr. Brierre de Boismont parece atribuí-los a uma ordem de coisas mais elevada, e sou dessa visão. Não desagrado de meu amigo, o doutor Lélut, prefiro acreditar no gênio familiar de Sócrates e nas vozes de Joana d'Arc, do que na demência do filósofo e da virgem de Domrémy. *Há fenômenos que ultrapassam a inteligência, que desconcertam as ideias recebidas, mas perante a evidência dos quais é preciso que a lógica humana se incline humildemente. Nada é brutal e, sobretudo, irrecusável como um fato.* Tal é nossa opinião e, sobretudo, a de Sr. Guizot."

Quanto a mim, se me fosse preciso absolutamente escolher, confesso que preferiria acreditar na loucura de Sr. Lélut do que na de Sócrates.

Alguns séculos mais tarde, o Cristo aparece. Esse filho de um pobre carpinteiro de vila ousa contradizer os doutores mais renomados de seu tempo. Em face dos príncipes dos sacerdotes, ele não teme proclamar a puerilidade das práticas

O Espiritismo Perante a Razão

de que eles sobrecarregaram a religião. Ela está, para ele, encerrada toda inteira no amor de Deus e no amor do próximo. – Eis, diz ele, a lei e os profetas. – Se consente em observar algumas de suas cerimônias, é, visivelmente, de sua parte, uma concessão feita à fraqueza dos que o rodeiam; e nisso brilha sua prudência. Sr. Renan, admirado de tanta grandeza, não lhe encontra igual em toda a história; e é nesse ponto, de acordo com Voltaire, que o *toma por seu único mestre*. (Vede *Dicionário Filosófico*, artigo *Religião*.) Mas, primeira e estranha inconsequência! Esse maior dos homens não é senão um vulgar prestidigitador, um grosseiro fazedor de passes de mágica! – Ele faz seu primeiro milagre para alegrar uma boda! – Segunda e dupla inconsequência! O grande homem, o enganador, não é mais que um joguete! – Ele não faz milagres; crê fazê-los! – Tudo se passa em sua imaginação! – Ele não sabe distinguir os produtos de seu cérebro doente, da realidade! – Entretanto, ele fundará a *verdadeira* religião e mudará a face do mundo!

São Paulo é o maior dos que vêm após ele. Sr. Renan o reconhece. Esse terrível inimigo dos cristãos marcha contra eles para Damasco. Mas Deus o espera sobre a rota. Uma visão tem lugar de repente: Saulo cai ofuscado e se levanta Paulo. Jesus lhe apareceu. Ele lhe confiou o cuidado de continuar sua obra. A ideia cristã não perecerá: aquele que era o mais mortal inimigo dela se tornou o mais eloquente e o mais corajoso defensor.

Sr. Renan não experimenta nenhum embaraço para explicar esses fatos. São Paulo foi o joguete de uma alucinação produzida por uma oftalmia, doença endêmica nessas regiões. O próprio Sr. Renan a experimentou; mas por ela não se deixou apanhar! – E é uma grande infelicidade; – pois a humanidade teria tido um outro São Paulo!

Conheci pessoas que tiveram oftalmias; conheci mesmo algumas que tiveram alucinações. Não eram senão homens bastante comuns, e, no entanto, tinham perfeitamente consciência de seu estado. Os que tomam por realidades os fantasmas de sua imaginação ou de seus sentidos doentes são ordinariamente enviados a asilos de alienados, mas nenhum deles, que eu saiba, jamais poderosamente influiu sobre os destinos do mundo.

O tempo marcha. No fundo da Arábia, em um país selvagem, no meio de populações embrutecidas, sem laço entre si, sempre em guerra, idólatras, praticando ainda os sacrifícios humanos, que os missionários judeus ou cristãos não puderam encetar, vive um condutor de camelos. Até quarenta anos, ele não se fez distinguir dos outros homens senão por sua perfeita probidade e seu horror pela mentira. Ele espera, como alguns de seus compatriotas, os hanifas, um profeta que venha salvar esse povo. De repente, o anjo Gabriel lhe aparece em sonho e lhe diz: – Tu és o profeta esperado. – Ele acorda e exclama, levando a mão sobre seu coração: Eu tenho um livro aqui. – Ele tinha visto o *Corão* em uma iluminação rápida. Mas logo fenômenos estranhos se passam nele: ele se crê possuído do demônio e quer se matar. Sua mulher e seu sobrinho, um hanifa, fazem todos os seus esforços para desviá-lo desse fatal desígnio e lhe persuadir de que ele é realmente o profeta; mas todos os discursos não podem convencê-lo: ele quer uma outra visão. Enfim, após longos sofrimentos e uma luta terrível, ela tem lugar; e dessa vez, em plena vigília. A prova cessou, e, para ele como para Jesus, após a tentação, a missão começa. O condutor de camelos se tornou subitamente um grande administrador, um grande general, um grande legislador, um grande poeta! A nação muçulmana é criada, e não é preciso muito para que ela se torne em pouco tempo a senhora do mundo inteiro. Maomé reina ainda sobre mais de cem milhões de homens. E é ainda um outro louco!

Cheguemos a Joana d'Arc. A frança caiu no mais baixo grau do aviltamento: o inglês percorre como senhor suas campinas, que não ousam lhe disputar nossos soldados encerrados em Orléans; Carlos VII não é mais chamado, por derrisão, que o rei de Bourges; nossos mais bravos capitães desesperam: isso é feito do país. Mas o povo espera ainda!... ele espera uma virgem que deve salvar a França; absolutamente como os árabes esperavam Maomé, e como o mundo romano esperava um Messias quando o Cristo apareceu. – E eis que uma jovem camponesa de Lorraine tem visões; ouve vozes que lhe dizem que ela é aquela que se espera. – A luta deveu ser forte: uma alma vulgar não poderia sustentá-la. Mas a jovem camponesa é Joana d'Arc! – Ela parte: o cerco de Orléans é levantado; os ingleses, batidos vergonhosamente em rasa campina; o rei, sagrado em Reims; os altos destinos da França poderão se realizar! – E eis ainda a obra de uma louca!

Assim, pois, Sócrates, louco! O Cristo, louco! São Paulo, louco! Maomé, louco! Joana d'Arc, louca!!!

E a pena não treme na mão desses homens quando escrevem semelhantes barbaridades? E não lhes vem um só instante o pensamento de que, afinal de contas, poderiam se enganar; que esses seres prodigiosos que aparecem de longe em longe na história não nos parecem talvez loucos senão porque sua sabedoria é de tal forma elevada que ofusca e confunde nossa fraca razão? – Ah! Como a ciência é uma prova perigosa para certos cérebros, e como valeria mil vezes mais para eles a ignorância!

* * *

Resta-nos ainda a pesquisar qual é a natureza da inteligência que se comunica. *É unicamente o Demônio, como alguns o pretendem, ou nós lidamos ao mesmo tempo com bons e com maus Espíritos, e nos comunicamos com as almas dos mortos?*

Para o leitor atento, não há mais outra dificuldade a resolver. – É possível, com efeito, após o que vimos, assinalar como causa do fenômeno um simples fluido, ou o reflexo do pensamento do médium ou dos assistentes? – É mais possível sustentar, como o sustenta, sobre não sei qual fundamento, o Sr. Conde de Gasparin, que o fenômeno nada apresenta de real, fora os efeitos puramente físicos, desde a época apostólica até nossos dias?

Para crer que o Demônio, se Demônio há, unicamente se comunica, seria preciso supor Deus impotente, ou animado de mau querer para conosco; e as duas suposições são igualmente absurdas. Ademais, como muitas comunicações obtidas, marcadas dos sentimentos mais morais e mais religiosos, e não respirando senão o amor de Deus e do próximo, devem indubitavelmente trazer a derrota das más paixões e o desenvolvimento do lado divino de nossa natureza, seria bem o caso de repetir com o Cristo: – *Todo reino dividido perecerá*; – Pois seria Satã que se combateria a si mesmo. – "Já se viu, diz A. Kardec, um comerciante exaltar aos seus clientes a mercadoria de seu vizinho à custa da sua, e engajá-los a irem à loja dele? Na verdade, tem-se razão de rir do Diabo, pois se faz dele um ser bem ingênuo e bem estúpido."

Aliás, os que sustentam uma tal opinião, os mais conhecidos ao menos, o Marquês de Roys, Sr. de Mirville, Sr. des Mousseaux, são todos fervorosos católicos. Pois bem! Eles estão em contradição consigo mesmos, uma vez que repudiam, assim, a crença constante da Igreja.

Se eles tivessem razão, disso resultaria, como consequência forçosa, que unicamente o Demônio preencheria o Antigo e o Novo Testamentos; que os sacerdotes de Jerusalém não se enganavam acusando o Cristo de agir em nome de Belzebu; que todos os milagres dos santos seriam sua obra, e que ele, e não a Santa Virgem, teria aparecido a Bernadette Soubirous, na gruta de Lourdes. Não teríamos mais anjo guardião, e as bibliotecas religiosas que põem em circulação livros que tratam de numerosas aparições de pessoas mortas deveriam ser censurados. – Santo Agostinho não era dessa opinião: "Por que", diz ele, em seu tratado *De cura pro mortuis*, "não atribuir essas operações aos Espíritos dos defuntos e não acreditar que a divina Providência faz um bom uso de tudo para instruir os homens, consolá-los ou atemorizá-los?" – Nem o cardeal Bona, que, em seu tratado *Do Discernimento dos Espíritos*, diz: – "Há motivo para se espantar de que se possam encontrar *homens de bom senso* que tenham ousado negar totalmente as aparições e as comunicações das almas com os vivos, ou atribuí-las a uma imaginação enganada ou à arte dos demônios."

– "Não", diz Henri Berthaud, no artigo já citado, "a morte não separa para sempre, mesmo neste mundo, os eleitos que Deus recebeu em seu seio e os exilados permanecidos sobre este vale de lágrimas, *in hac lacrymarum valle*, para empregar as melancólicas palavras do *Salve regina*. Há horas misteriosas e abençoadas em que os mortos bem-amados se pendem para aqueles que os choram e murmuram em seus ouvidos palavras de consolação e de esperança. Sr. Guizot, esse espírito severo e metódico, tem razão de professá-lo: 'Fora disso, as crenças religiosas são superficiais e estão bem perto de serem vãs'".

— Sim, — e será a legítima conclusão deste escrito, — nós nos comunicamos com os mortos; eles estão em torno de nós; e como conservam os sentimentos que os animavam em sua vida, penetremo-nos bem desta verdade: quando nós queremos cometer o mal, por mais cuidado que tomemos de nos escondermos, não chegaremos jamais a nos subtrairmos aos olhares do ódio, que se regozija, e do amor, que se entristece!

LE SPIRITISME

DEVANT LA RAISON

Par M. Valentin Tournier

~~~~~~

2ᵉ PARTIE :

LES DOCTRINES

PARIS

A LA LIBRAIRIE SPIRITE

RUE DE LILLE, 7

—

1870

O ESPIRITISMO

PERANTE A RAZÃO,

Por Sr. Valentin Tournier,

~~~~~~~

2ª parte:

AS DOUTRINAS

PARIS

NA LIVRARIA ESPÍRITA
RUA DE LILLE, 7

—

1870

Preâmbulo

Em uma precedente publicação – *O Espiritismo Perante a Razão* (*Os Fatos*) –, demonstramos a possibilidade e a realidade do fenômeno espírita.

Demonstrar a possibilidade e a realidade de um fenômeno não é provar, ao mesmo tempo, que esse fenômeno, por extraordinário que possa ser, é um fenômeno natural?

O sobrenatural é francamente uma absurdidade. Pois um fato não pode ter lugar na natureza senão na medida em que a causa que o produziu esteja numa relação qualquer com ela, que essa causa seja uma causa física, ou um homem, ou um Espírito, ou o próprio Deus. Desde então, ela entra no sistema da natureza, e o fato não pode ser legitimamente qualificado de sobrenatural.

O Espiritismo, não tivesse feito senão afirmar e demonstrar a possibilidade do milagre, fazendo-lhe perder o caráter sobrenatural que ele nem sempre teve e lhe restituindo sua significação primitiva de coisa admirável, coisa extraordinária, que teria prestado à humanidade um serviço notável. Não é, com efeito, dar, assim, ao mesmo tempo, razão ao racionalismo que nega e à religião que afirma, removendo à negação de um e à afirmação da outra o que elas têm de exagerado, de falso?

O Espiritismo se põe, portanto, como conciliador. Ele não é, embora se o diga, nem o despertar da superstição, nem a consolidação da incredulidade: ele é o racionalismo tornado religioso e a religião tornada racional; é a abelha que se despojou de seu ferrão, embora lhe conservando a faculdade de nos dar o mel.

Mas os espíritas, afirmando a realidade da comunicação dos Espíritos e de sua intervenção nos feitos humanos, não se contentaram com demonstrar o perfeito naturalismo desses fenômenos. Se só tivessem feito isso, não teriam levantado tantas tempestades, e sua obra, sem cessar de ser útil, – pois a demonstração de uma verdade, qualquer que seja, é sempre uma obra útil, – não teria adquirido uma importância tão grande.

Eles foram mais longe. Estudaram os costumes, os hábitos, a linguagem, o caráter, a natureza, a situação provável dos seres invisíveis com os quais lhes era dado entrar em comunicação. Dirigiram-lhe questões sobre os problemas que interessam no mais alto ponto à humanidade: sobre Deus; sobre a alma e sobre seu estado após a morte; sobre suas origens e seus fins; enfim, sobre os seres em geral.

De todos esses fatos estudados, de todas essas respostas comparadas, nasceu um corpo de doutrinas que queremos hoje submeter ao controle da razão, como antes submetemos os fenômenos.

A obra atual já foi publicada no jornal *La Fraternité de l'Aude*, em uma série de artigos tendo por título *A Questão Religiosa*. Somente, nós recortamos desses artigos toda a parte política, que não estaria aqui em seu lugar, e o que toca à natureza de Deus.

Nossa intenção não sendo mais expor nossas teorias pessoais, mas somente julgar as doutrinas espíritas, acreditamos, para não induzir o leitor a erro, dever nos abster de tratar os pontos sobre os quais a maioria dos espíritas ainda não chegou a acordo, e que, por conseguinte, não podem legitimamente entrar no quadro que nos traçamos.

Os espíritas em geral concordam em reconhecer a existência de um Deus, inteligência soberana, que faz o mundo e o governa de acordo com leis imutáveis e eternas.

Os mundos têm um começo e percorrem sucessivamente todos os graus de uma escala comum de progresso, até que os elementos que os compõem adquirem um modo de existência superior.

O homem e o mundo são, se não independentes, ao menos distintos de Deus. São, portanto, realidades e não simples modos, simples maneiras de ser de um ser único.

O princípio pensante no homem é igualmente distinto do corpo e lhe sobrevive. É o que chamamos a alma. Essa alma, uma vez saída do corpo, constitui o ser que se designa sob o nome de Espírito.

O Espírito, no outro mundo, encontra-se bem ou mal, segundo o homem que ele animou viveu bem ou mal. Mas as penas que ele suporta ou as recompensas de que goza são sempre proporcionais ao mal ou ao bem que ele fez e dele são a consequência lógica e inevitável.

Não tendo outro objetivo que o progresso do Espírito, as penas não são eternas. Elas cessam logo que este reconhece seus erros e toma a firme resolução de se corrigir de seus vícios.

Após uma estada mais ou menos longa no outro mundo, o Espírito volta a este e nele se reencarna; e suas reencarnações continuam até que, pelo esforço ao qual o obrigam as necessidades da vida material, ele tenha se engrandecido bastante em inteligência e em moralidade para se libertar de todas as paixões dos sentidos que o encadeiam ao mundo físico. Então ele desenvolveu em si faculdades superiores que lhe tornam apto a desempenhar no mundo um papel mais elevado que o do homem; ele adquiriu, numa palavra, a natureza angélica.

Chegado a esse ponto, ele goza de uma felicidade sem mescla, e seu progresso ulterior se realizará, doravante, sem esforço doloroso.

Se alguma vez ele torna a descer sobre um planeta e se aí retoma um corpo, não é senão para aí cumprir temporariamente uma grande missão voluntariamente aceita, no seio de uma humanidade extraviada à qual ele vem trazer a lei moral.

Da mesma forma que a natureza angélica saiu da humanidade, a humanidade saiu da animalidade, e esta, do reino vegetal, que, ele mesmo, tem suas origens no mundo mineral. "É assim que tudo serve, tudo se encadeia na natureza, desde o átomo primitivo até o arcanjo, que, ele mesmo, começou pelo átomo". (*Livro dos Espíritos*, 540.)

O Espiritismo Perante a Razão

De onde vem o átomo? Para onde vai o arcanjo? O Espiritismo não no-lo diz ainda. Não há, a esse respeito, doutrina comumente aceita entre os espíritas; há apenas opiniões particulares.

Limita-se a afirmar a eternidade de todos os seres e seu progresso contínuo e ascendente pelo esforço. A questão de saber se nós estamos separados de Deus por um abismo intransponível, uma diferença radical de natureza, ou se não há entre ele e nós senão uma diferença de grau, de desenvolvimento, de estado, questão capital de toda filosofia, não está ainda resolvida. Considera-se provisoriamente a solução como estando acima de nosso alcance.

Não a trataremos, portanto, embora o tenhamos feito em nossos artigos sobre a questão religiosa.[1]

Repetimo-lo, não são nossas teorias pessoais que temos a intenção de desenvolver, mas as doutrinas espíritas que queremos submeter ao critério da razão, após ver, como acabamos de fazê-lo, expostos sumariamente seus pontos mais importantes.

---

[1] Nas obras de Allan Kardec, encontram-se abordados os temas referidos: sobre a origem dos elementos materiais, por exemplo, em *O Livro dos Espíritos*, questões 27 a 33, *A Gênese*, cap. IV, itens 17 e 18; sobre o destino dos Espíritos, em *O Livro dos Espíritos*, item 113, *O Evangelho Segundo o Espiritismo*, cap. III, itens 8 a 12; sobre a diferença radical ou o "abismo intransponivel" que há entre Deus e as criaturas, ver *O Evangelho Segundo o Espiritismo*, cap. XVII, item 2. O autor, no entanto, considerando essas soluções como revelações espirituais superiores ("como estando acima de nosso alcance"), pretende, ao que ele mesmo indica na sequência ("queremos submeter ao critério da razão"), construir com o leitor, desde a base, vias argumentativas rigorosas que fundamentem os princípios da doutrina, o que ele fará nos capítulos seguintes. (N.T.)

O ESPIRITISMO
PERANTE A RAZÃO

I

Duas verdades se impõem com um igual caráter de necessidade ao espírito desprendido de todo preconceito científico e religioso: a existência de Deus e a imutabilidade, a eternidade, a independência das leis que regem o universo.

É, em parte, por ter mais ou menos desconhecido uma ou outra dessas verdades que os diversos sistemas filosóficos ou religiosos não puderam ainda satisfazer completamente a razão humana, digo a razão refletida.

Se Deus, isto é, a inteligência, não presidiu o arranjo deste mundo, como compreender sua sublime harmonia?

Essa ideia de Deus é tão natural que se a encontra em todas as épocas, entre todos os povos, entre os mais selvagens como entre os mais civilizados. Todos os esforços do ateísmo mais erudito e mais refinado não puderam chegar a abalá-lo seriamente no espírito das massas, tanto o senso comum repugna admitir a ideia contrária. Aristóteles se exprime assim, falando de Anaxágoras: "No dia em que um homem veio dizer que havia na natureza uma inteligência que é a causa do arranjo e da ordem do universo, esse homem pareceu o único a ter conservado sua razão no meio da loucura e da embriaguez de seus antecessores".

Se vós vísseis os diversos materiais que entram na composição de um edifício se colocarem por si mesmos em movimento, a argamassa se fazer, as pedras se talharem, as paredes se elevarem, o edifício se terminar, não concluiríeis imediatamente, forçosamente, que operários e um arquiteto invisíveis teriam realizado esse trabalho? Não julgaríeis, com a mesma necessidade, acerca da ciência do arquiteto e da habilidade dos obreiros, pelo grau de perfeição da obra?

Pois bem, por que não pronunciaríeis o mesmo julgamento a propósito do mundo? Será que a Geologia e a Astronomia não nos fazem assistir ao trabalho de sua formação? E a inteligência é menos necessária em um caso que no outro?

E se, em vez de um edifício, tratasse-se de uma máquina, não julgaríeis o gênio do inventor tanto maior, quanto a máquina tivesse uma marcha mais regular e necessitasse menos frequentemente da intervenção do homem para seu funcionamento? – No entanto, a ciência, porque crê poder explicar a marcha do mundo sem a intervenção de Deus, conclui por sua não existência.

Ela me parece carecer de lógica.

Uma máquina que funcionasse sempre, sem jamais necessitar da ação de um operário qualquer, excitaria no mais alto ponto a admiração dos cientistas; seria, para eles, uma máquina perfeita, aquela que sonharam tantos pesquisadores do movimento perpétuo; e, longe de que lhes viesse ao pensamento negar o autor dela, proclamá-lo-iam, sem conhecê-lo, um operário perfeito, porque teria realizado o ideal em feito de máquinas.

Por que ainda não querer reconhecer essa máquina no mundo e Deus, em seu autor?

É verdade que algumas vezes o ateísmo, após ter se apoiado, para sustentar sua tese, sobre a ordem imutável que preside aos grandes movimentos do universo, não teme se contradizer em se valendo de certas desordens, talvez mais frequentemente aparentes que reais, para provar a não existência de Deus.

Mas o que concluir, de desordens parciais que não chegam jamais a perturbar a harmonia do conjunto e a comprometer sua existência, se não que Deus, arquiteto supremo do mundo, não é talvez o seu único artesão?

O papel que nós próprios desempenhamos não constitui uma presunção poderosa em favor dessa verdade? – Será que a criação está acabada sobre nosso planeta? E não trabalhamos nós, todos os dias, em perfazê-la?

E, se nós só chegamos a bem fazer, com a condição de bem nos penetrarmos da ideia geral, do plano geral, por que não haveria, acima de nós, seres maiores que nós, mas sujeitos, como nós, a essa condição para a realização da tarefa que lhes incumbe, podendo, como nós, enganar-se, e se enganando algumas vezes?

Vou mais longe. Que se reflita bem no que é o movimento; que se penetre, pelo pensamento, em sua natureza íntima, em sua essência, e se verá que todo movimento nos levará logicamente a reconhecer, em sua origem, uma vontade, e, por conseguinte, uma inteligência. Mover-se é, afinal de contas, determinar-se, uma vez que é passar de um estado a um outro; e o que é insensível, inconsciente, sendo incapaz de determinação, é também incapaz de movimento espontâneo, próprio. A matéria, por mais esforço que façamos para nos persuadir do contrário, está para nós em um estado completo de inércia, porque não podemos nos impedir de considerá-la como desprovida de sensibilidade, de consciência, de vontade.

Para explicar o movimento de outra forma que não pela vontade, não seria preciso, como o repreende Sr. Paul Janet a Sr. Littré, no número de 1º de agosto de 1864 da *Revista dos Dois Mundos, ressuscitar as virtudes dormitivas e outras da escolástica*? – A matéria se move porque tem uma virtude motora; o ópio faz dormir porque tem uma virtude dormitiva.

Em uma máquina que funciona e da qual cada parte executa movimentos particulares, quer ela marche pela força da água, do vento ou do vapor, eu sei perfeitamente remontar, sem me fazer um só instante ilusão, de movimento em movimento, de causa em causa, até a causa primeira, à impulsão inicial; e aí encontro o homem, a vontade, a inteligência!

Vede as crianças! Não há movimento para elas que não revele uma vontade. Uma pedra se destaca de um cimo, rola para elas e as fere; elas ralham com a pedra e batem nela, porque acreditam que ela agiu com intenção. E elas se enganam menos que aqueles que atribuem o movimento à matéria insensível; pois elas se enganam, afinal de contas, apenas sobre

O Espiritismo Perante a Razão

a significação do movimento e sua causa real, e não sobre a natureza dessa causa, c que é o essencial. Uma vontade realmente determinou a queda da pedra, a vontade daquele que fez o mundo de forma a que uma pedra se encontrando nessas condições devesse necessariamente cair. A criança anima a pedra e lhe empresta uma intenção, porque não compreende senão as causas primeiras, as verdadeiras causas, e que toda causa primeira é necessariamente uma causa voluntária.

Os povos infantis agem da mesma maneira; eles veem, em todas as forças da natureza, vontades; e o fetichismo, o politeísmo são formas que a religião deveu necessariamente revestir no início.

E, se nós nos enganássemos sobre a essência da matéria – se os elementos que a compõem não fossem absolutamente desprovidos de sensibilidade; se o que se chama a atração molecular, sem ser a vontade formal, consciente, dela fosse o germe; o que, por exemplo, o instinto é para a inteligência –, não permaneceria menos verdadeiro que ela poderia executar sempre apenas os movimentos mais simples, em relação com sua sensibilidade rudimentar. Jamais ela chegaria, a não ser sob a impulsão primeira e a direção de vontades superiores, a realizar um plano que ela não pudesse conceber e que ignorasse. Isso não se passa assim em torno de nós? E, na execução de uma obra importante, as vontades inferiores que aí concorrem não obedecem sempre a uma vontade superior que concebeu o plano; as forças cegas, às forças esclarecidas?

E de nada serviria me objetar que o mundo não é uma obra que se possa julgar à maneira das obras do homem; que ele tem em si e não fora de si o princípio de seu próprio movimento; que ele é sua própria causa em si mesmo e não o relógio supondo o relojoeiro; que ele é, numa palavra, apenas o desenvolvimento de um grande ser do qual cada ser particular é uma determinação. Isso não resolveria a dificuldade, e eu persistiria sempre em perguntar se há ou não, na origem lógica das coisas, a vontade, a inteligência; e uma vontade, uma inteligência proporcional à obra que se lhe atribui. Se não há vontade, não pode haver o movimento, e o mundo não pode ser. Por mais que chameis de Deus a esse ser contraditório, que realiza, por si, admiráveis coisas, quando trabalha nas trevas da inconsciência, quando não sabe nem o que faz nem mesmo que existe!, e que, mais tarde, chegado a se conhecer, em revestindo a forma humana, não pode chegar entre as inteligências mais altas, malgrado todos os seus esforços, para compreender sua própria obra, vosso sistema, que será apenas o do ateísmo menos a franqueza, não dará melhor razão da existência do mundo do que o jogo de elementos cegos, quer se os chamem átomos, forças ou todo outro nome.

Pela mesma razão, Deus não pode ser um ideal sem realidade própria, que só existe em nós e enquanto nós o pensamos, e cessa de existir logo que não o pensamos mais, para reaparecer se o pensamos de novo. Esse jogo de aparece e desaparece é de uma puerilidade tal que, sem a ciência e a magia de estilo do escritor, não se encontraria um homem de senso que pudesse nisso se aprazer um só instante.

O Criador não é, ademais, uma fórmula; pois, pergunto-o, qual pode ser a virtude de uma fórmula, se não há ninguém para aplicá-la?

Foi, portanto, a inteligência, a vontade que fez o mundo e que vela sobre ele; e é essa inteligência, essa vontade, qualquer que ela seja, que nós chamamos Deus.

II

Mas, de que Deus existe, não seria preciso disso concluir que as leis que regem os mundos dependem inteiramente dele e que ele poderia mudá-las a seu grado. Seria cair em um erro grosseiro.

Se a lei toma sua fonte e sua legitimidade na vontade de Deus, se ela não tem existência própria, independente, se ela não é, numa palavra, eterna como ele, a moral e todas as outras ciências se desmoronam por falta de uma base sólida, a razão não é mais de nenhum uso, e é o sacerdote, intérprete dessa vontade criadora, que a substitui. O perjúrio é um crime porque Deus o quer assim, mas se, num caso dado, apraz a Deus que se perjure, perjurar é um dever e o perjúrio se torna uma virtude.

Compreendem-se as consequências fatais de uma semelhante doutrina; a história as registrou em páginas sangrentas. Que um pai degole seu filho, todo coração de homem freme de horror. É possível conceber uma ação mais apavorante, um crime mais odioso? Abraão, no entanto, é louvado por não ter hesitado um só instante em imolar Isaque, sobre uma ordem de Deus. "E todas as nações da terra, diz a Bíblia, serão abençoadas naquele que sairá de ti, porque tu obedeceste à minha voz."

Já, se é preciso acreditar nos estudiosos indianistas, dois mil e quinhentos anos antes de Moisés, na Índia, Adgigarta recebera de Deus as mesmas felicitações e a mesma promessa, por não ter balançado ao lhe sacrificar seu único filho Viashagana.

Como se vê, a lenda do patriarca indiano e a do patriarca hebreu, no fundo, não formam senão uma, duas vezes repetida; e o objetivo evidente é a consolidação do governo teocrático. Os deuses dos pagãos usam do mesmo privilégio que Brama e Jeová; e Agamenon, o rei dos reis, realiza um ato virtuoso lhes imolando sua filha, da qual eles lhe pediram o sacrifício pela boca do sacerdote Calcas.

Nas ciências, as consequências não são menos deploráveis. Amir escreve ao califa para saber o que deve fazer da biblioteca de Alexandria. Omar lhe responde: "Tu me falas de livros; se eles contêm apenas o que já está no livro de Deus, são inúteis; se não concordam com ele, são perniciosos. Assim, faze-os queimar".

Quem tinha razão, Galileu ou a Inquisição? Evidentemente, esta última: – Que me importam, ó homem de gênio, teus telescópios e teus cálculos? Que necessidade tenho eu de estudar a natureza e suas leis para conhece a verdade? Não há lei senão a vontade de Deus, e ele a manifestou nesse livro do qual só a mim pertence a interpretação. Ora, o livro diz: Que a Terra seja eternamente imóvel. A Terra é, portanto, imóvel. Cabe a ti contradizer Deus? Submete-te.

E a Igreja infalível se engana pesadamente e trata quase como um herético o grande homem, porque ele é *razoável* sustentando uma verdade que hoje não é posta em dúvida por ninguém. Ó miséria do orgulho sacerdotal!

"*Mi interessa un tribunale, in cui, per essere ragionevole, sono stato reputato poco meno che eretico.*" – Não posso esquecer um tribunal pelo qual eu quase fui considerado como herético, porque sou razoável. (Galileu ao Padre Vincenzo Renieri.)

Sócrates professou em Atenas uma doutrina contrária. Ele provava que o justo não é o justo porque apraz aos deuses, mas que apraz aos deuses porque é o justo. Era sustentar os direitos sagrados e imprescritíveis da razão contra a tirania das revelações às quais ela aderia sem reserva, como se essas revelações pudessem alguma vez estar isentas da liga impura

O Espiritismo Perante a Razão

da ignorância e das paixões humanas, ou garantidas contra os perigos de interpretações ininteligentes ou interessadas.

Os sacerdotes de Atenas fizeram morrer o sábio como ímpio e blasfemador.

Os três ângulos de um triângulo são iguais a dois retos. Por quê? Porque Deus assim o quis? – Não: porque a natureza do triângulo o quer assim, e que é impossível conceber um triângulo cuja soma dos três ângulos não iguale dois retos. – Todos os raios de uma esfera são iguais e seu centro está a igual distância de todos os pontos de sua superfície, que Deus exista ou que não exista.

Dá-se o mesmo com as leis morais. Não podeis conceber homens, isto é, seres feitos para viver em sociedade, sem que de sua natureza decorra invencivelmente, como consequência, que o roubo, o assassinato, o perjúrio, o adultério, a traição sejam crimes. A vontade de Deus, não mais que sua existência, nada tem a ver aí dentro.

Que Deus, ao mesmo tempo em que é o formador do mundo, dele seja o árbitro supremo, o grande juiz, aquele que vela pela manutenção da ordem, pela observação da lei, por sua sanção, isso é para mim incontestável; e é o que deve alegrar o homem justo e fazer tremer o mau; mas que a lei seja uma criação de sua vontade, isso não pode ser, porque isso é absurdo.

As leis são a expressão das relações necessárias que derivam da natureza das coisas. A natureza das coisas sendo dada, nós não temos, portanto, senão de procurar as relações necessárias que dela derivam, para conhecer as leis. Todo outro meio pode ser mais agradável para os espíritos preguiçosos ou pusilânimes, porque não exige nem esforço, nem ousadia, mas ele conduz aos abismos; constituindo o poder despótico do sacerdote, ele é um verdadeiro suicídio para a razão.

III

A razão, portanto, obriga-nos a admitir, de um lado, a existência de Deus, de outro, a independência das leis que regem o universo. Uma vez constatadas essas duas importantes verdades, desçamos das regiões celestes aonde tivemos de nos elevar para conquistá-las e para onde tornaremos a subir mais tarde, e ocupemo-nos, enquanto isso, com o mundo e com o homem.

Seu eu começasse este estudo me colocando a questão de saber se eu existo e se o mundo exterior é alguma coisa de real, levaria inevitavelmente o sorriso aos lábios do leitor, que se perguntaria se eu perdi o espírito ou se zombo dele. E o leitor teria razão: é dessas verdades que não se demonstram, porque é impossível, a todo espírito são, colocá-las em dúvida.

Entretanto, vários grandes filósofos, sábios de primeira ordem, escritores ilustres, não se contentaram com colocar em dúvida sua realidade própria e a do mundo, mas resolutamente as negaram. "Os panteístas são obrigados a chegar a isso e a dizer que nós sonhamos os corpos, e que Deus nos sonha." (J. Simon, *A Rel. Nat.*).

Assim, nós somos um sonho! E os corpos, os sonhos de um sonho! Quem sabe se os corpos, por seu turno, não sonham outros sonhos?

Outros filósofos não menos grandiosos acreditaram dever refutar estes últimos e se demonstrar a si mesmos sua própria existência. Eram eles mais sábios?

Ressaltam daí dois grandes ensinamentos. O primeiro é que a ciência, por grande que seja, e o poder de expressão, qualquer que seja sua magia, não provam absolutamente a solidez da razão, qualidade a mais preciosa de todas e que nenhuma outra poderia substituir. O ignorante, portanto, por mais penoso esforço que esse trabalho exija, está sempre no dever de pensar por si mesmo e, embora se inspirando tanto quanto lhe é possível nos trabalhos dos outros, de não se pôr mais cegamente a reboque dos cientistas do que dos sacerdotes.

O segundo é que o problema de nosso destino é alguma coisa de tão assustador, de tão temível, que, antes de nos engajarmos nele, é preciso termos todo o cuidado de estabelecer solidamente em nosso espírito essas verdades de que ninguém duvida e que não comportam demonstração, precisamente porque elas são evidentes. É preciso tomarmos a determinação de jamais abandoná-las, por mais poderosas e por mais encantadoras que sejam as solicitações da vertigem, essa magicista perigosa, habitante do fundo do abismo. Sem isso, cai-se inevitavelmente nesse abismo, e doravante entrado na religião das quimeras, o espírito não dá à luz mais que sistemas extravagantes.

Portanto, nós existimos e somos distintos de Deus, pois não se existe senão com a condição de se distinguir; o mundo exterior existe com a mesma condição que nós. São as duas verdades que não abandonaremos jamais, o que quer que aconteça, no curso de nossas pesquisas, prontos a lhes sacrificar, sem hesitação, tudo o que vier contradizê-las.

Mas o que somos nós e o que é o mundo? Eis o problema. Comecemos por nós.

"Conhece-te a ti mesmo", dizia a sabedoria antiga. E, com efeito, como posso eu, se não me conheço, saber o destino que me é feito, o objetivo para o qual eu devo marchar, o dever que me incumbe?

Há em mim uma alma destinada a sobreviver à destruição do corpo? Ou sou apenas um ser efêmero que a Providência chamou um instante à vida para tornar a mergulhá-lo, em seguida, em um eterno nada?

Segundo a resposta a essa questão seja afirmativa ou negativa, minhas ideias tomarão um curso bem diferente; meus sentimentos para comigo mesmo, para com meus semelhantes, para com o mundo, para com Deus adquirirão ou perderão a energia, e meu respeito pela lei moral será bem fortalecido ou bem enfraquecido.

Que perspectivas se abrem perante mim se eu devo me sobreviver, se minha alma é imortal! E que luz lançada sobre o mundo! Como as coisas mudam de aspecto! Como eu engrandeço aos meus próprios olhos! E como sinto fortemente que é meu dever pacientar e esperar antes de julgar os atos da Providência – que me pareciam, e que seriam, com efeito, censuráveis, se nossa existência terminasse na morte do corpo.

Só essa consideração já deveria nos fazer compreender que não é possível que tudo termine com a vida atual; mas há outras mais poderosas e mais diretas.

Cada um de nós não é uma causa primeira, um princípio de movimento, uma inteligência, uma vontade? Nós não somos, portanto, simplesmente corpos, seres materiais, uma vez que a matéria, por si, reconhecemo-lo, é incapaz de se mover, de sentir, de compreender, de querer.

Mesmo que Deus o quisesse, ele não poderia fazer pensar a matéria, porque ele faria uma contradição, um ser não pensante que pensaria! Seria preciso, para isso, que ele a fizesse cessar de ser matéria, o que, veremos, não é impossível, mas o que é bem diferente.

Para que a alma não fosse um ser distinto do corpo, seria preciso, como o sustentam os materialistas, que ela fosse apenas uma resultante das partes que a compõem, uma harmonia, um nada!

Ora, a razão pode admitir que o nada sinta, pense, conheça-se, calcule, combine, estude o ser, aja sobre ele, modifique-o, manipule-o a seu grado; e que o ser se ignore, seja incapaz de sensação, de pensamento, de vontade e, por conseguinte, de ação?

E não é o que teria lugar se o espírito fosse apenas um produto da organização da matéria?

De resto – argumento peremptório! – eu me sinto perfeitamente distinto de meu corpo; eu sei que não sou nem as unhas dos meus dedos, nem os cabelos da minha cabeça, nem os pelos da minha barba, nem a polpa do meu cérebro. Essa matéria se escoa a toda hora como uma torrente; novas moléculas vêm constantemente substituir as que o jogo da vida elimina; meu corpo está em uma mudança contínua; ele não tem hoje nada do que tinha no ano passado. Só o eu perdura no meio dessa renovação, e permanece sempre o mesmo. Toda essa matéria faz parte do organismo ao qual estou, sem saber como, momentaneamente ligado, que uma vontade superior me deu para governar mas tudo isso não é o eu. Refletindo sobre isso um pouco, concebo mesmo muito bem que posso viver sem esse organismo que, afinal de contas, estorva-me ao menos tanto quanto me serve.

É preciso, nisso se convirá, após todas essas considerações, estar bem cegado pela paixão do nada para não reconhecer que a alma existe.

Mas não basta que ela exista, é preciso que ela dure; é preciso que, saída do corpo, ela continue a viver e a marchar na via de seus destinos; é preciso que ela seja imortal. Ora, a imortalidade não é uma consequência do ser? Será que a natureza inteira não nos grita essa verdade, a todo instante, por suas inumeráveis vozes? Será que – como a ciência no-lo afirma e como, em sua falta, a razão bastaria para nos fazer conhecê-lo –, nas composições e decomposições, nos nascimentos e mortes de que somos a cada instante as testemunhas, há um só átomo de matéria criada ou aniquilada?

E não seria surpreendente, chocante mesmo, que a alma desaparecesse, ao passo que nenhum dos elementos do corpo se perde?

A natureza é um livro constantemente aberto diante de nossos olhos para nos ensinar a verdade; mas nós não sabemos ler nele: as coisas nele são demasiado simples e demasiado claramente expressas.

Mas se a alma sobrevive ao corpo, em que estado ela se encontra quando dele está separada? Ela está, como certos filósofos o pensam, em um estado virtual, potencial, de força sem manifestação, sem consciência, ou ela continua a sentir, a pensar, a querer? Numa palavra, ela conserva sua personalidade ou a perde? – Isto é importantíssimo. Pois, se alma perde na morte sua personalidade, é para nós absolutamente como se ela perdesse o ser. Que me importa me sobreviver se eu ignoro que me sobrevivo?

Ora, para que a alma perdesse sua personalidade na morte do corpo, seria preciso que este lha tivesse dado, isto é, que os órgãos dessem as faculdades! E não é tão absurdo pensar que as faculdades nascem dos órgãos, quanto o é crer que a alma nasce do corpo? Será que uma alma sem a sensibilidade, a inteligência, a vontade, seria uma alma?

Quando nós estamos fechados em uma casa, é, sem dúvida, graças às aberturas praticadas nas paredes que nós podemos ver a campina circundante; mas não a vemos muito melhor quando estamos fora?

"É totalmente aprazível ver os homens imaginarem que os olhos são necessários à vista, porque, em seu estado atual de aprisionamento, eles nada podem ver senão por essa escotilha." (J. Simon, *A Rel. Nat.*)

Sim, o corpo não é senão a prisão da alma; prisão útil, prisão necessária nas fases inferiores da existência, como o demonstraremos mais adiante, mas, enfim, prisão. O órgão, longe de dar a faculdade, localiza-a, restringe-a, enfraquece-a ao velá-la, e a morte, em lugar de nos fazer perder nossa personalidade, restitui-nos dela tudo o que o corpo nos retirara momentaneamente. A morte é a expansão, é o acrescimento da vida!

IV

Aqui se apresenta um outro problema:

Para onde vai a alma ao sair do corpo? De onde ela vinha quando nele entrou?

A essas duas questões, produto de uma curiosidade bem natural e bem legítima, nossos teólogos respondem por uma doutrina que eles têm a pretensão de impor à nossa fé e contra a qual se levantam ao mesmo tempo, nosso coração e nossa razão. Ei-la, em algumas palavras:

Para cada corpo que se forma, e no momento mesmo de sua formação, Deus cria uma alma destinada a animá-lo. Que a vida do homem não dure senão um instante ou que se prolongue além de um século, essa prova decide, para todo o sempre, sua sorte por vir. Se ele morre ao nascer, mas após ter recebido a água do batismo, vai direto ao paraíso e aí goza da mesma felicidade que aqueles que combateram e sofreram durante toda uma longa vida pela verdade. Se, ao contrário, ele teve a infelicidade de nascer de pais que jamais ouviram falar do batismo ou não acreditavam em sua eficácia, ou se não teve o tempo de realizar essa formalidade, ele se dirige para os limbos, onde se é privado da vista de Deus e onde, segundo Dante, grande teólogo, como se sabe, não se experimenta outra pena além de suspirar. Mas, se ele morre em estado de pecado mortal, o abismo do inferno o espera e ele aí suportará, durante a eternidade, horríveis tormentos, ao passo que, se ele tivesse a se reprovar apenas alguns pecados veniais ou se estivesse em estado de graça, dirigir-se-ia ao paraíso: no primeiro caso, após uma estada mais ou menos longa no purgatório, segundo a gravidade das faltas a purgar; no segundo, sem se deter em parte alguma.

O eleito não somente se abebera de delícias na contemplação de Deus, do qual ele se ocupa em cantar os louvores, mas ainda, como distração e como condimento à sua felicidade, ele ouve os uivos dos reprovados, as crepitações de suas carnes que queimam; sente o odor que deles se exala como um perfume agradável, e vê as contorções horríveis que a dor imprime em seus membros. E – encanto inexprimível! – entre estes últimos, ele reconhece frequentemente um pai, uma mãe, um filho, uma filha, um irmão, uma irmã ou bem algum amigo com o qual teve, sobre a terra, as mais íntimas relações. Alguns, sem dúvida, têm todas essas felicidades de uma vez, e os outros devem lhes ter inveja, pois eles são os eleitos entre os eleitos, os aristocratas do paraíso!

Quis eu fazer, traçando essas linhas, um lúgubre gracejo? Não, eu expus a doutrina que a Igreja nos ensina, a solução que ela nos dá do problema de nossos destinos. Parece impossível, mas é isso. Escutai antes Santo Tomás, o pai da teologia católica, o anjo da escola!

"Os bem-aventurados, sem sair do lugar que ocupam, dele sairão, entretanto, de uma certa maneira, em virtude de seu dom de inteligência e de vista distinta, a fim de considerar as torturas dos danados; e vendo-os, não somente *eles não sentirão nenhuma dor, mas serão cumulados de alegria e renderão graças a Deus por sua própria felicidade assistindo à inefável calamidade dos ímpios.*"

"Pergunta-se com estupor – diz Eugène Nus, de quem empresto essa citação – como uma religião de amor e de fraternidade pôde chegar a essa insensibilidade monstruosa, a esse egoísmo fanático. Deus dos concílios, deixa-me a piedade ou retira-me o céu!"

E não é tudo! Não vades acreditar que as maiores virtudes, como as de um Sócrates ou de um Marco Aurélio, por exemplo, possam vos preservar do inferno. A virtude é aqui uma questão muito secundária; o importante é que Deus, ao vos formar, tenha querido vos salvar, e, para isso, tenha-vos feito nascer em um país católico, se sois nascido após a vinda do Cristo, e de uma família judia, se sois nascido antes de sua vinda.

"Mas como, então, subsiste ainda a velha ideia bárbara, a predestinação, que faz reprovados de nascença, criados para o inferno? Ideia desesperadora que paira obscura sobre o Antigo Testamento, – que, nos Evangelhos, duramente se destaca de um fundo doce em clarões sangrentos, – que, forte em São Paulo, faz-se homem, um cruel doutor, – e em Agostinho, um carrasco." (Michelet.)

Assim, Deus não fez o mundo senão para satisfazer um capricho cruel, salvando uns e danando os outros! Ele não podia ser mais feliz senão com a condição de ouvir ressoar eternamente em seus ouvidos o duplo concerto dos eleitos cantando seus louvores e dos reprovados o maldizendo em meio às dores!

Que Deus! E qual é o homem de coração que quereria se lhe assemelhar? Espantai-vos, depois disso, de que Proudhon, pensando, sem dúvida, nessa monstruosa criação de nossos teólogos, tenha dito: "Deus é o mal"?

O que nos diz a lei quando ela se revela a nós? – Faze isto, evita aquilo, porque isto é bem e aquilo é mal. O que, evidentemente, quer dizer que resultará, para nós, um bem do que ela ordena e um mal, do que ela proíbe. Se não fosse assim, a lei seria falsa; ela não seria senão uma pura ilusão de nosso espírito. A sanção é, portanto, indispensável para que a lei seja verdadeira; pois a sanção é a razão mesma da lei, de alguma forma, a própria lei. Tentai separar a lei de sua sanção, não o podereis. Por que seria preciso fazer uma coisa e evitar outra, se as consequências para nós devessem ser as mesmas, quer não se fizesse a primeira, quer se fizesse a segunda? A lei me diz: não comas demais, pois é mal; come suficientemente, pois é bem. E a lei é verdadeira, uma vez que, se eu como demais. fico com indigestão, e se não como o bastante, perco minhas forças. Mas se o contrário tivesse lugar, a lei seria falsa. E a dor, que acompanha a indigestão ou a perda das forças, é uma advertência nova para que eu não persevere em meu erro e não me prepare, assim, infelicidades maiores.

A lei nos manda, portanto, em nosso interesse, e somos nós que nos enganamos quando cremos ter vantagem em violá-la: é nossa vista que é demasiado fraca para perceber as consequências distantes de nossos atos. "Para torná-los melhores (os homens), é preciso esclarecê-los; o crime é sempre um falso julgamento." (Duclos.)

No entanto, neste mundo, nós vemos frequentemente o celerado, não somente se subtrair ao castigo merecido, mas ainda, como consequência de seus crimes, obter a fortuna, a consideração, as honras, o poder, e após longos dias passados nos prazeres, sair da vida como um conviva farto e satisfeito. O homem honesto, ao contrário, por causa mesmo dos escrúpulos que seu amor pela justiça, sua retidão, faz nascer nele, vê, na maior parte do tempo, a fortuna e a consideração lhe fugirem, é exposto à calúnia, às zombarias, ao ódio de seus semelhantes, e não termina uma vida passada nas privações e nos sofrimentos senão por uma morte desolada!

Seria preciso exclamar com Brutus: "Virtude, tu não és senão um nome"?

Não, é preciso ver nesse fato o que ele contém de mais claro, uma prova nova e brilhante de uma vida por vir em que se exerce a inevitável justiça; pois, repetimo-lo, a lei deve ter uma sanção.

Mas, ao mesmo tempo em que a lei quer uma sanção, ela a quer proporcional à gravidade da infração, uma vez que, de fato, a sanção não é senão a reação da natureza das coisas violentada, e que toda reação é igual à ação. Quanto mais eu tiver ultrapassado a medida na quantidade de alimentos que tiver tomado, mais a indigestão será forte e dolorosa. Ademais, a reação não pode durar senão enquanto a ação continua. Se o culpado reconhece seu erro, se ele se corrige, se não recai mais na mesma falta, a lei não sendo mais violada, a natureza das coisas não sendo mais violentada, a sanção não pode mais ter lugar, uma vez que não pode mais se produzir reação. A pena não poderia, portanto, ser eterna, a não ser que fosse possível se encontrar um ser eternamente obstinado em violar a lei. E então seria justiça. Mas isso não pode ser: a dor, essa grande educadora, deve terminar por fazer abrir os olhos ao mais obstinado.

Que pensar, então, de um Deus que infligisse ao culpado penas eternas, mesmo quando esse culpado se arrependesse, reconhecesse seus erros e não pedisse senão para reparar o mal que tivesse feito? De um Deus que, removendo assim toda esperança ao condenado, não lhe deixasse outro partido a tomar que o de maldizer seu carrasco? Esse Deus estaria muito abaixo de nossos legisladores modernos, que enrubesceriam se tivessem, em editando uma pena, outra coisa em vista, após a salvaguarda dos interesses da sociedade, do que a melhoria do culpado. Ele seria o mais audacioso e o mais criminoso violador da lei, e se prepararia, em consequência, a si mesmo, penas ainda maiores que aquelas que infligisse aos outros; pois, não o esqueçamos, a lei não depende da vontade de Deus: ele a proclama, aplica-a, salvaguarda-a, mas não a faz. Quando ele nos atinge, é no interesse geral e em nosso interesse próprio, a fim de que, advertidos a tempo, nós não cometamos mais graves infrações que, perturbando profundamente a ordem, provocariam inevitáveis e terríveis retornos.

Que pensar, ainda, dessa justiça que pune o inocente pelo culpado, a criança que nasce, pelo crime de um primeiro homem com o qual ela não tem nenhum laço, se – como o afirma a doutrina que combatemos – Deus tira do nada, na época de nosso nascimento, o espírito que nos constitui o que somos?

Enfim, que pensar da predestinação? Era possível imaginar uma mais bárbara absurdidade?

Não, essa doutrina, na qual, de resto, os mais competentes que eu pretendem que não é indispensável crer para permanecer na ortodoxia católica, – o que eu desejo vivamente para a honra da Igreja, – não pode ser aceita como solução às questões que colocamos no início deste artigo, porque ela fere, ao mesmo tempo, todos os nossos sentimentos de humanidade, todas as nossas noções de justiça, e constitui a mais sangrenta injúria ao autor das coisas, no qual nós não podemos acreditar sem no-lo representar como o tipo de todas as perfeições, do amor sem limites e da justiça absoluta.

Busquemos, portanto, uma outra solução ao problema de nosso destino.

V

Essa solução, que o Espiritismo fez sua, é encontrada há longo tempo. Dela quero por prova apenas as linhas seguintes, emprestadas do *Fédon*:

"É uma opinião bem antiga que as almas, deixando este mundo, vão aos infernos, e que, de lá, elas voltam a este mundo, e retornam à vida após terem passado pela morte... Parece-me também, Cebes, que nada se pode opor a essas verdades, e que não nos enganamos quando as recebemos; pois é certo que há um retorno à vida; que os vivos nascem dos mortos; que as almas dos mortos existem, e que as almas virtuosas são melhores e as más, piores." (Sócrates, no *Fédon*.)

É digno de nota que quase todos os povos antigos acreditaram na preexistência da alma e em sua reencarnação. Os filósofos espiritualistas consideravam o renascimento como uma consequência da imortalidade; para eles, essas duas verdades eram solidárias, e não se podia negar uma sem negar a outra. Não se sabe bem se Pitágoras recebeu essa doutrina dos egípcios, dos indianos ou de nossos pais, os gauleses. Se ele viajou entre todos esses povos, aí a encontrou igualmente, uma vez que ela lhes era comum.

"Esse mesmo solo que habitamos hoje, diz Jean Reynaud, carregou, antes de nós, um povo de heróis, em que todos estavam habituados a se considerar como tendo praticado o universo de longa data, antes de sua encarnação atual, fundando, assim, a esperança de sua imortalidade sobre a convicção de sua preexistência."

E o poeta Lucano: "Segundo vós, druidas, as sombras não descem às silenciosas moradas do Érebo, aos pálidos reinos do Deus do abismo. *O mesmo Espírito anima um novo corpo em uma outra esfera.* A morte (se vossos hinos contêm a verdade) é o meio de uma longa vida".

Essa crença estava tão fortemente enraizada em nossos pais que eles se emprestavam de bom grado somas pagáveis em um outro mundo, onde estavam seguros de se reencontrar e de se reconhecer.

Se os hebreus não a adotaram jamais de uma maneira tão geral e tão inteira, não permaneceram, no entanto, estranhos a ela. Sabe-se que os fariseus, a seita que se pungia o mais de ortodoxia, acreditavam em uma danação eterna para os maus e em um retorno à vida para os bons. Era o contrário da religião dos xintos, a mais antiga do Japão, que, segundo Kempfer, citado por Boulanger, ensina que só os maus voltam à vida para expiar seus crimes.

Certas passagens da Bíblia justificam a doutrina dos fariseus e exprimem de uma maneira claríssima a crença na reencarnação. Eu poderia citar muitas delas; contento-me com as duas seguintes: – "É o Senhor que tira e que dá a vida; que conduz aos infernos e que deles retira." (I Samuel, c. II, v. 6.) Isto é, que faz morrer e que faz reviver.

Sabe-se que um dos procedimentos da poesia hebraica era redizer, em termos diferentes, na segunda parte da estrofe, o pensamento já expresso na primeira parte. Aqui, *tira a vida* corresponde evidentemente a *conduz aos infernos*, e *dá a vida*, a *dele retira*. Aliás, na Bíblia, como em Platão e entre todos os antigos, os infernos são sinônimos do túmulo, da morte; e retirar dos infernos quer dizer fazer reviver neste mundo, fazer renascer.

"Aqueles de vosso povo que se havia feito morrer viverão *de novo*; aqueles que estavam mortos em meio a mim ressuscitarão." (Isaías, c. XXVI, v. 19.)

Os judeus modernos entre os quais se conservou essa crença chamam *gilgul, rolamento*, a passagem da alma de um corpo a um outro.

Se o Cristo, que previa, sem dúvida, todas as divisões que nasceriam dos dogmas impostos e todo o sangue que eles fariam verter, deu por lei a seus discípulos apenas o amor de Deus e do próximo, nem por isso ele manifestou menos, em várias ocasiões, sua crença na reencarnação. – "13. Pois, até João, diz ele ao povo que se aperta em torno dele, todos os profetas, tão bem como a lei, profetizaram; – 14. E, se quereis compreender o que eu vos digo, é ele mesmo que é *esse Elias que deve vir.* – 15. Que o ouça aquele que tem ouvidos para ouvir." (S. Mat., c. XI.)

Aqui, não pode ser de Elias descido do céu que se trata, uma vez que nós sabemos que João Batista nascera de Zacarias e de Isabel, prima de Maria, mas de Elias reencarnado.

"1. Quando Jesus passava, ele viu um homem que era cego desde seu nascimento; – 2. E seus discípulos lhe fizeram esta pergunta: Mestre, é o pecado desse homem ou o pecado dos que o puseram no mundo, que é causa de que ele nascesse cego?" (S. João, c. IX.)

Por que os discípulos perguntam a Jesus, como uma coisa toda simples, se é por causa de seu pecado que esse homem nasceu cego? – É que os discípulos e Jesus estavam convencidos de que se podia ter pecado antes de nascer, e, por conseguinte, que já se tinha vivido. É possível dar uma outra explicação?

Como se espantar, desde então, do que nos asseguram escritores eruditos, de que a crença na pluralidade das existências era geralmente difundida entre os cristãos dos primeiros séculos? – De resto, sempre houve e há ainda entre eles, como entre os judeus, homens que a professam, sem acreditarem por isso sair da ortodoxia.

"Enquanto essa linha de conduta prevalecia na Igreja e terminava pela condenação de Orígenes, doutores venerados, que foram colocados no número dos santos, não continuavam menos a sustentar a pluralidade das existências *e a não realidade da danação eterna.* É São Clemente de Alexandria que ensina a redenção universal de todos os homens pelo Cristo salvador; ele se indigna contra a opinião que faz aproveitarem dessa redenção apenas os privilegiados; ele diz que, criando os homens, Deus tudo dispôs, em conjunto e detalhes, no objetivo da salvação geral (*Stromat.*, liv. VII, Oxford, 1715.) É, em seguida, São Gregório de Nissa que nos diz que há *necessidade de natureza* para a alma imortal de ser curada e purificada, e quando ela não o foi por sua vida terrestre, a cura se opera nas vidas futuras e subsequentes. Eis bem a pluralidade das existências ensinada claramente em termos formais. Encontramos, mesmo em nossos dias, a preexistência e, portanto, as reencarnações aprovadas no mandamento de um bispo da França, Mons. de Montal, bispo de Chartres, a respeito dos negadores do pecado original, aos quais ele opõe a crença permitida nas vidas anteriores da alma. Esse mandamento é do ano de 1843." (A. Pezzani, *Plur. das Exist. da Alma.*)

Eis as próprias palavras do Mons. de Montal. Tomo-as no número de 27 de outubro de 1864, do jornal *L'Avenir*: "Uma vez que a Igreja não nos proíbe de acreditar na preexistência das almas, quem pode saber o que pôde se passar, no longínquo das idades, entre as inteligências?"

Em uma carta a Sr. Barlatier, que apareceu na *Petite Presse* de 20 de setembro de 1868 e da qual falarei de novo, Sr. Ponson du Terrail narra que, em seu domínio de Charmettes, onde ele se encontra, ele teve por conviva o cura de sua vila. Este se mostrou muito surpreso de ouvir seu anfitrião lhe afirmar que se lembrava de ter vivido no tempo de Henrique IV e de ter conhecido particularmente esse rei; que acreditava que nós todos já tínhamos vivido e que viveríamos de novo. "Mas, enfim, diz o autor, ele me concedeu que *as crenças cristãs não excluem essa opinião*, e me deixou seguir meu rumo."

Mesmo durante a sombria Idade Média, em que, segundo a expressão de Michelet, Satã se engrandeceu de tal modo que *entenebreceu* o mundo, a crença na reencarnação não pôde completamente ser sufocada. Encontro uma prova disso na *Divina Comédia*, em que Dante, que partilhava a opinião então geral a esse respeito no povo, coloca o imperador Trajano no paraíso. Este, após ter permanecido quinhentos anos no inferno, dele saiu pela virtude das preces de São Gregório, o Grande. Mas, coisa digna de atenção, ele não foi diretamente ao céu; ele retomou um corpo sobre a terra, – *torno all'ossa* – e não foi senão após ter permanecido pouco tempo nesse corpo – *in che fu poco* – que ele foi admitido no número dos eleitos.

Entre os filósofos e os cientistas, essa ideia jamais cessou de ter representantes. O ilustre Franklin, um dos homens que mais honraram a humanidade pelo gênio e a sabedoria, compôs a si mesmo o epitáfio seguinte, que testemunha sua fé na reencarnação:

"Aqui repousa, entregue aos vermes, o corpo de Benjamin Franklin, impressor, como a cobertura de um velho livro cujas folhas são arrancadas, e o título e a douradura, apagados; mas, por isso, a obra não será perdida, pois ela reaparecerá, *como ele o acreditava*, em uma nova e melhor edição, revista e corrigida pelo autor."

Em uma carta à Senhora de Stein, Gœthe exclama: "Por que o destino nos ligou tão estreitamente? Ah! Em tempos decorridos, tu foste minha irmã ou minha esposa!"

O grande químico inglês, *sir* Humphry Davy, em uma obra intitulada: Os *Últimos Dias de um Filósofo*, aplica-se em demonstrar a pluralidade das existências da alma e suas encarnações sucessivas. "A existência humana, diz ele, pode ser considerada como o tipo de uma vida infinita e imortal, e sua composição sucessiva de sonos e de sonhos poderia certamente nos oferecer uma imagem aproximada da sucessão de nascimentos e de mortes de que a vida eterna é composta." (Trad. de C. Flammarion.)

Charles Fourier estava de tal modo convencido de que nós renascemos sobre esta terra, que se encontra em suas obras a frase seguinte: "*Tal mau rico poderá voltar a mendigar à porta do castelo do qual ele foi o proprietário*".

Hoje, a crença na pluralidade das existências é quase geral entre nossos grandes escritores. Considero como supérfluo fazer citações que se encontram por toda parte e que me fariam ultrapassar o quadro no qual quero me encerrar. "Tenho apenas – diz Sr. Chaseray, em suas conferências sobre a alma –, o embaraço da escolha, de fato, de citações para mostrar que a fé em uma série de existências, umas anteriores, outras posteriores à vida presente, engrandece-se e se impõe cada dia mais aos espíritos esclarecidos."

O Espiritismo Perante a Razão

Nem o próprio Proudhon deixou de se sentir por um momento atraído para esse lado. A passagem seguinte de uma carta endereçada pelo grande demolidor a Sr. Villaumé, em 13 de julho de 1857, é a prova disso. "Pensando nisso, pergunto-me se não arrasto a cadeia de algum grande culpado, condenado em uma existência anterior, como o ensina Jean Reynauld!"

Vê-se, é a velha metempsicose que reaparece e tende a se tornar novamente a religião da humanidade. Ela tem tanto mais chances de ser bem sucedida desta vez quanto se despojou da mácula que a fez abandonar: – Não se crê mais hoje que a alma humana possa retrogradar e reentrar no corpo de um animal. Os antigos não tinham o sentimento do progresso contínuo do ser e da economia de meandros que preside à obra de Deus: eis porque eles caíram nesse grosseiro erro.

VI

A ideia da reencarnação é tão natural que, sem a tirania exercida sobre nós pelo hábito de ideias contrárias, que a educação nos impôs desde nossa infância, nós a aceitaríamos sem esforço. "Não é mais surpreendente nascer duas vezes do que uma; tudo é ressurreição na natureza." Essas palavras que Voltaire (vede *A Princesa da Babilônia*) põe na boca da Fênix, no momento em que ela renasce de suas cinzas, não vos parecem, em sua simplicidade e sua enérgica concisão, a expressão mesma da verdade?

Quantos problemas em nosso destino, impossíveis de resolver de uma maneira satisfatória por uma outra doutrina, e dos quais esta nos fornece uma solução racional! Quantas obscuridades ela esclarece! Quantas dificuldades ela tira!

"Na verdade, diz Montaigne, encontro tanta distância de Epaminondas, como o imagino, até alguém que eu conheço, digo, capaz de senso comum, que, de bom grado, eu iria além de Plutarco e diria que há mais distância de tal a tal homem do que há de tal homem a tal besta; e que há tantos graus de espíritos quanto há de braças daqui ao céu, e igualmente inumeráveis."

Que distância, com efeito, entre o hotentote estúpido[1] e

---

[1] Povo considerado, por muito tempo, pelos estudiosos europeus, como o mais primitivo do mundo, pré-histórico e praticamente extinto. Tais ideias se prendiam a teorias frenológicas, hoje completamente abandonadas, e a uma antropologia incipiente e eurocêntrica, baseada principalmente em vagos relatos de viajantes. Comumente, as descrições étnicas, tidas como dados científicos, comparavam os

o inteligente europeu! Entre Dumolard e Sócrates!

Como explicar essa desigualdade no desenvolvimento intelectual e moral – que, em certos casos, estar-se-ia tentado a chamar uma desigualdade de natureza –, se não se admite que há, entre o espírito inferior e o espírito superior, a mesma relação que entre a criança e o homem feito, e, algumas vezes, entre o homem e o anjo? Se não se admite que o último viveu mais longo tempo que o primeiro e pôde progredir em um maior número de vidas sucessivas?

Dir-se-á que é um efeito da diferença de organização física e de educação? Nós responderíamos a isso que essas causas podem, quando muito, explicar as superioridades aparentes, mas não as reais.

O órgão serve mais ou menos bem à faculdade, mas não a dá: temo-lo superabundantemente demonstrado. De tal sorte que um espírito muito desenvolvido, em um corpo mal conformado, pode fazer um homem bastante comum, ao passo que um espírito relativamente menos avançado, servido por bons órgãos, fará um homem que lhe será, em aparência, muito superior. Mas essa falsa superioridade, que consistirá apenas na faculdade de expressão e não no poder de pensar, só fará ilusão ao observador superficial e não enganará o espírito penetrante. "Não é duvidoso, diz J. Simon, que haja espíritos de elite cujo valor permanecerá sempre desconhecido, porque a faculdade de expressão lhes falta. Veem-se essas almas plenas de ideias, que o vulgo desdenha, e que passam por inferiores e desprovidas de sentido, embora os espíritos penetrantes apreendam, algumas vezes, em sua linguagem, os traços de uma força incomparável. Pergunta-se, pensando

---

modos de vida desses povos com os do Velho Mundo, atribuindo-lhes juízos de valor depreciativos, até pejorativos, o que sedimentava a discriminação. Relativamente poucos estudiosos de relevo questionavam essa visão, da qual, constituindo um paradigma, não se sairia senão praticamente refundando as ciências sociais (o que se faria muitas décadas mais tarde, com a Sociologia e a Antropologia modernas). O Espiritismo, enquanto doutrina, desde sua origem, discutiu aquelas teorias e tem combatido todo tipo de preconceito (ver a "Nota da Editora" ao final das edições brasileiras das obras de A. Kardec). Tournier, aqui, utiliza-se daqueles relatos bastante difundidos, se bem que, como se verá mais adiante, colocando-lhes um grau de dúvida. Hoje, em que as ciências humanas tendem a desmistificar os antiquados padrões de "civilização" do passado, fazem-se, sobre as diversas culturas, estudos acadêmicos profundos, sem comparações eivadas de juízos de valor nem anacronismos. (N. T.)

nelas, se não se está em presença de um Gênio encantado *sob uma forma que o impede de se manifestar em seu poder e seu esplendor.*"

Aliás, não se sabe que Sócrates recebera da natureza um corpo do qual todas as impulsões o levavam à devassidão? E que, desse libertino que a natureza parecia ter querido fazer dele, o filho de Sofronisco fez um sábio, o modelo dos homens!

Quanto à educação, não temos, todos os dias, sob nossos olhos, a prova de que, se sua influência é grande, ela não chega, no entanto, até a mudar completamente a natureza do homem? A fazer, de um celerado, um Prêmio Monthyon, e, de um idiota, um Newton?

Quantas pessoas honestas que jamais receberam lições de ninguém! Quantas mesmo foram obrigadas a combater contra perniciosos ensinamentos! E quantos infames patifes que se educaram com todos os cuidados imagináveis! Cômodo não era o filho e o discípulo de Marco Aurélio? E pode-se dar o mérito às lições dos jesuítas, mestres de Voltaire, pela independência de pensamento deste, pelo seu horror à intolerância e ao fanatismo religioso e por seu desprezo às superstições?

Quem foi o preceptor do lenhador Lincoln, de seu sucessor, o alfaiate Johnson, e de seu ilustre compatriota, o ferreiro Elihu Burrit, o promotor da sociedade da paz universal?

E não há homens dos quais se pode dizer que se relembram, em vez de que aprendem? Mozart, por exemplo, que nasce grande músico, e Pascal, que, na idade de nove anos, sem ter jamais lido nenhum livro de Matemática, sozinho, sem o socorro de nenhum mestre, chega até a trigésima segunda proposição de Euclides e inventa a Geometria!

Em 1868, os jornais franceses nos entretiveram, a partir de um jornal inglês de Medicina, o *Quarterly*, com um fenômeno bem estranho. É uma menina, da qual o doutor Hun nos faz conhecer a espantosa história. Até a idade de três anos, ela permaneceu muda e não pôde chegar a pronunciar senão as palavras *papá* e *mamã*. Depois, de repente, ela se pôs a falar com uma volubilidade extraordinária, mas numa língua desconhecida que nenhuma relação tinha com o inglês. E o que há de mais surpreendente é que ela se recusa a falar esta última língua, a única, no entanto, que se fala com ela, e obriga aqueles com quem ela vive, seu irmão, por exemplo, um pouco mais velho que ela, a aprender a sua, em que se encontram algumas palavras de francês, embora, no dizer de seus pais, não se tenha pronunciado nenhuma diante dela.

Como explicar esse fato de outra forma senão pela lembrança de uma língua que essa criança teria falado numa existência anterior? – É verdade que se pode negá-lo. Mas a menina existe; é um jornal sério, um jornal de Medicina que o reporta, e a negação é um meio bem cômodo e do qual se faz talvez um uso demasiado frequente. Ela é, em muitos casos, o equivalente do diabo, esse *Deus ex machina* dos sacerdotes, que vem sempre ao ponto para tudo explicar e dispensar do estudo.

De resto, há homens que afirmam ter conservado a lembrança de outras existências. Isto é mais forte. A carta de Sr. Ponson du Terrail, de que já falei no precedente artigo, disso é uma prova. Pode-se dizer também que ele quis gracejar. Mas o que não se pode dizer?

O poeta Méry afirmava, igualmente, que se lembrava de ter sucessivamente vivido em Roma, no tempo de Augusto, e na Índia, onde ele tinha sido brâmane. Talvez ainda um gracejo?

Mas o que não pode sê-lo é o fato seguinte, do qual eu fui a testemunha. Eu estava em Pau, na casa de uma parenta. No mesmo cômodo que eu, encontravam-se uma das filhas de minha parenta, de dez anos, e o menino de um vizinho, encadernador, que não tinha ainda três. Essas crianças brincavam e delas eu não me ocupava, quando, de repente, minha atenção foi atraída por uma altercação singular que se elevou entre elas. O menino sustentava, enfurecendo-se, todo vermelho, contra a menina, que se recusava a crer que ele se lembrava de ter sido soldado e de ter sido morto. Ele dava detalhes e citava os lugares. Acreditei dever intervir. Fiz-lhe perguntar o que era seu pai na época de que falava. Ele respondeu que então seu pai não era seu pai; que era ele que era pai. E como eu insistia para que explicasse por que, tendo sido morto, ele estava de novo vivo, e pequeno, após ter sido grande: "Disso eu não sei nada", disse ele; "eu fui soldado e fui morto; eu era grande e sou pequeno; é Deus que o quis". E batia seu pezinho com cólera, porque nos recusávamos a acreditar em suas palavras.

No dia seguinte, eu quis retomar com ele a mesma conversação. Ele me olhou com um ar espantado, e não compreendeu mais do que se eu lhe tivesse falado grego.

Como supor que uma criança dessa idade quisesse gracejar sobre um tal assunto? E não é mais razoável pensar que o véu que nos esconde nosso passado se erguera um instante para ele?

A lembrança de existências passadas, embora raríssima, o é, no entanto, menos do que se pensa: a história fornece exemplos disso, e não é impossível que algum de meus leitores tenha sido, como eu, capaz de constatá-lo.

Agora, pergunto-o, de todas essas considerações e de todos esses fatos reunidos, aos quais se poderiam acrescentar muitos outros, não decorre a consequência legítima e irresistível de que a reencarnação é uma realidade e de que, desde então, não é surpreendente que em todas as épocas da história se tenham encontrado espíritos elevados dos quais ela constituiu a fé?

Bem mais, quando se reflete sobre isso seriamente, chega-se a se convencer de que não somente essa crença é verdadeira, mas ainda que é impossível que ela não o seja.

Se ela é falsa, como compreender a justiça de Deus? Nós reconhecemos a absurdidade das penas eternas; mas, mesmo com penas e recompensas temporárias, para que elas possam ser justamente aplicadas, não seria preciso, se houvesse apenas uma única prova, que todos nós a sofrêssemos nas mesmas condições de duração, de obstáculos a vencer, de dificuldades a superar, e que cada um de nós entrasse na liça armado das mesmas faculdades e com o mesmo peso a carregar? – Pois bem, nós todos sabemos que isso não é assim. É necessário demonstrá-lo?

O único meio de sair da dificuldade é, portanto, reconhecer a verdade dessa ideia tão natural e tão justa, da qual as provas são múltiplas; de que aqueles que vemos entrar na liça com maiores faculdades são velhos lutadores que as adquiriram por esforços anteriores, ao passo que aqueles que aí entram com faculdades menores são iniciantes que não têm o direito de ser ciumentos das riquezas de seus mais velhos, uma vez que cabe apenas a si adquirirem outro tanto, seguindo o exemplo deles.

Quanto às diversas posições sociais, elas não são senão provas diversas às quais o espírito é submetido, segundo a necessidade, pelas quais nós todos passamos alternativamente, ora pobres, ora ricos, ora poderosos, ora fracos, ora mestres, ora escravos, ora dotados de uma organização física que, deixando às nossas faculdades todo o seu impulso, permite-nos desempenhar um papel brilhante sobre a cena do mundo; ora, ao contrário, estorvados por órgãos rebeldes, e condenados a uma impotência e a uma inferioridade tanto mais penosa quanto nós podemos, algumas vezes, ter o sentimento da nossa superioridade real.

De resto, o céu não pode ser um lugar cerrado do qual Deus nos abre ou nos fecha ao seu grado a porta; não se pode concebê-lo senão como um estado superior da alma, que depende de nós atingir, purificando-nos de nossas máculas e chegando a essa altura intelectual e moral que constitui a natureza que sentimos dever estar imediatamente acima da natureza humana e que designamos sob o nome de natureza angélica.

Sim, nós somos, para me servir de uma expressão de Dante, a lagarta destinada a formar a angélica borboleta que voa para a Justiça, sem que nada possa lhe fazer obstáculo!

Todavia, se nós queremos bem refletir sobre os esforços que exige, não direi o aniquilamento, mas somente a diminuição do menor de nossos defeitos, e o acrescimento, não a aquisição, da menor de nossas qualidades, poderemos compreender quantas existências são necessárias para preencher a distância que separa o hotentote, espírito talvez no início da humanidade,[2] de Sócrates, anjo, sem dúvida, descido dos céus para nos servir de modelo e guia.

O esforço, eis a lei, a condição indispensável do progresso do Espírito; e, nas fases inferiores de sua existência, esse

---

[2] Ver nota 1 deste capítulo. (N. T.).

esforço necessário não poderia se produzir sem as reencarnações, como o demonstrarei logo.

Para trás, portanto, com as queixas ridículas e inúteis contra o destino. Saibamos que a única coisa que deve nos preocupar sobre esta Terra, uma vez que ela é o lugar da prova, é tirar o melhor partido possível da posição, qualquer que ela seja, na qual nos colocou aquele que conhece melhor do que nós o que nos é preciso e para quem não pode haver preferidos. "Lembra-te, diz o escravo Epicteto, de desempenhares com cuidado o papel que o soberano mestre te impôs: faze-o curto, se é curto: longo, se é longo. Se ele te deu o personagem de um mendigo, tenta te desincumbires bem dele; sê coxo, príncipe ou plebeu, se ele o quis. Teu negócio é bem desempenhar teu papel, e o dele, escolhê-lo."

O Espiritismo Perante a Razão

VII

Porém, faz-se ao sistema das reencarnações uma objeção que se crê irrefutável, embora ela não tenha a menor solidez e não provenha senão de uma falsa apreciação da existência atual. Queremos dizer: a perda da memória. Não nos será difícil responder a isso.

Aqueles de nossos leitores que seguiram até aqui, com atenção, a série de nossos raciocínios sabem que o homem é um ser efêmero, que não existia antes do momento em que foi concebido no seio de sua mãe e que não existirá mais, logo que a morte o tiver atingido. Ele resulta da união momentânea de um Espírito com um corpo: antes que a união se faça, ele não é; depois que ela cessou, ele não é mais. O mesmo não se dá com o Espírito: ele preexistia ao homem, ele lhe sobreviverá. O Espírito é imortal; o homem é perecível. A verdadeira personalidade é, portanto, a do Espírito, e a verdadeira vida não é esta, mas a outra. Esta é, por assim dizer, o sonho e a outra, o despertar. O que importa, portanto, para que a verdadeira personalidade não se perca, é que, na outra vida, nós conservemos a memória de todas as nossas existências passadas; e demonstramos que isso não pode deixar de ter lugar. A existência atual não é dividida em duas partes, o sono e a vigília? Pois bem! Nós consideramos menos que somos os mesmos ao despertar, porque tínhamos perdido a memória durante o sono?

— Mas, diz-se, como posso eu cá embaixo expiar faltas

cometidas em existências passadas das quais não conservei nenhuma lembrança? Sou, afinal de contas, um ser novo. Por que me punir de crimes que eu não cometi? Só essa consideração já prova contra a reencarnação.

– E quem vos disse que estais cá embaixo para expiar? Se alguém vo-lo disse, está, em nossa visão, em um grave erro: ele confunde as duas existências, a da prova e mesmo da reparação, que é a atual, e a da expiação, que é a outra.

Pois bem, a memória é conservada na outra vida, onde ela é necessária para que a expiação seja eficaz tanto quanto justa, e é removida na vida presente, onde ela seria uma soberana injustiça e um insuportável estorvo.

Entrando neste mundo, como nós pagamos nossas dívidas no outro, é justo que estejamos todos no mesmo pé de igualdade. É preciso que nada possamos repreender uns aos outros, uma vez que, com efeito, somos seres novos e ainda não cometemos nenhum malfeito, assim como não realizamos nenhum ato meritório. Com a memória, cada um compreende que isso não poderia ter lugar.

Aliás, conservai a memória e transtornareis todas as condições da humanidade; torná-la-eis impossível. O homem não existe mais. É o Espírito que continua em condições diferentes: eis tudo. Quem sabe quantas reconciliações se operam neste mundo, com o favor dos laços de parentesco ou outros, e que não poderiam ter lugar entre Espíritos inimigos que se lembrassem.

De qualquer ponto de vista que se a encare, a lembrança das existências passadas para o homem seria não somente uma calamidade, mas uma absurdidade.

O que lhe é preciso é que, entrando neste mundo, ele traga todas as suas energias adquiridas, todas as suas virtualidades; e é o que tem lugar, uma vez que somente assim se pode logicamente e justamente explicar as diferenças nativas entre os homens. A perda da memória não é, portanto, um argumento sério.

Passemos à necessidade da reencarnação.

Ela resulta deste fato de observação que não escapou a nenhum espírito sagaz: é que todo ser, no início da vida, repugna ao trabalho, ao esforço. Vede as crianças, vede os selvagens!

Todas as Bíblias consideram o trabalho como uma punição; o paraíso é nada fazer; se o homem não tivesse pecado, ele seria... um imprestável! Bem-aventurado pecado!

Disse-se, com justa razão, que a preguiça é a mãe de todos os vícios. Se se quiser, com efeito, dar-se ao trabalho de observar, descobrir-se-á, no fundo de todas as nossas más paixões, essa preguiça que, repugnando ao esforço, impede-nos de nos corrigir, de progredir.

Para salvar o Espírito em início, impeli-lo na via do progresso, do desenvolvimento, embora lhe conservando seu livre arbítrio, embora lhe deixando o mérito, que constitui o que há de mais doce no triunfo, o que seria preciso fazer? Obrigá-lo ao esforço. E para isso, o único partido a tomar era ligá-lo a um organismo que lhe criasse necessidades. *Il bisognino fa trottar la vecchia*, a necessidade faz trotar a velha, diz o provérbio italiano. De acordo com Rabelais, mestre Gáster, o ventre, a necessidade, é o primeiro mestre de artes deste mundo. Eis por que a reencarnação é necessária. E ela o é até que o Espírito tenha vencido a grande inimiga, a preguiça; até que tenha se despojado de todas as paixões dos sentidos, que só os gozos intelectuais e morais tenham o atrativo para ele e que só o dever lhe comande como mestre.

Passo agora a uma questão não menos importante:

Pode-se, já nesta vida, fazer-se uma ideia exata das penas e das recompensas que esperam cada um de nós na outra? – Sim, desde que se contente com caracteres gerais e que não se queira entrar em minuciosos e inúteis detalhes.

Tomemos a analogia por facho e por guia.

Não vemos, muito frequentemente, a imprevidência e a preguiça punidas pela miséria? A glutonaria, pela indigestão? A devassidão, por mil doenças vergonhosas? A maledicência, a calúnia, pelo horror que o maledicente e o caluniador inspiram às pessoas honestas? Enfim, os crimes em geral, pelos remorsos? "Pois é uma ordem imutável de vossa sabedoria, ó meu Deus!, que toda alma desregrada encontre sua pena em seus próprios desregramentos." (S. Agostinho, *Confissões*.)

E não pode ser de outra forma: para que a natureza da

pena corresponda exatamente à natureza da falta, é preciso que a primeira seja a consequência necessária da segunda. De sorte que se pode muito bem dizer que não é Deus que nos pune, mas que nós nos punimos a nós mesmos: é a natureza que é a grande justiceira.

Cá embaixo, é possível ao hipócrita esconder seus vícios sob a máscara da honestidade e exercer suas celeradezas, embora obtendo a estima e os elogios de seus semelhantes. Mas, quando a hora da morte soou, a alma, saída do corpo, mostra-se sem véus, com suas feiúras e com suas belezas, e ela não pode mais escapar ao horror que inspiram as primeiras, como não se pode lhe recusar a admiração devida às segundas. Figurai-vos o fariseu e o publicano do Evangelho. Que mudança de papeis!

No turbilhão dos negócios ou dos prazeres, nos arrastamentos da paixão, nas proporções colossais que a hora presente toma às custas da hora por vir, nos sofismas hábeis que nossos desejos sabem tão bem inventar para colorir nossos vícios com as cores da virtude ou nos fazer crer que tudo termina com esta vida, os remorsos se embotam e terminam mesmo por desaparecer; nós sabemos sufocá-los. Mas, na hora do despertar, quando todos os véus caem, que a inexorável verdade brilha, que a ilusão não é mais possível, como nossos sentimentos devem mudar! Como os remorsos devem ressuscitar poderosos e terríveis! Quantos pesares por não termos querido ouvir essa voz que nos dizia que nós trocamos a presa pela sombra! Nós reconhecemos então, com desespero, a falta de não termos nos ocupado senão do homem, ser efêmero, simples etapa na vida do Espírito, e de termos negligenciado o ser imortal. Nós perdemos uma existência: por algumas alegrias passageiras, nós nos preparamos longas dores; pois suportaremos por longo tempo a humilhação de nos encontrarmos embaixo na hierarquia espírita e de vermos, acima de nós, as pessoas honestas que, em nossos triunfos de um dia, obtidos calcando aos pés as prescrições da lei moral, nós cobríramos de nossos desprezos insensatos.

A satisfação de nossas paixões nos proporciona gozos vivos, mas grosseiros; os prazeres dos sentidos nos embriagam, e não percebemos que sua repetição frequente faz contrair, em nossa alma, hábitos que a encadeiam à matéria e lha tornam indispensável. O que nós ligamos neste mundo será ligado no outro, e o que desligamos será desligado. Se nós ligamos nossa alma aos prazeres dos sentidos, quando ela tiver perdido o corpo, esses prazeres se mudarão inevitavelmente em dores, porque ela não terá mais o órgão necessário à sua satisfação. E, no entanto, os objetos estarão, ali, presentes e plenos de irresistíveis atrativos. Eis o Tântalo da sabedoria antiga!

O avaro se arrancará os cabelos imaginários e provará os maiores dilaceramentos ao ver que se partilham seus tesouros ou que se os dissipam, sem que ele o possa impedir. O guloso, arrastado por sua paixão, visitará as mesas esplendidamente servidas, e, devorado por todos os ardores da gula, não poderá satisfazê-los. O celerado, que contava com o nada, sentir-se-á, de repente, tomado de espanto em se vendo sobreviver. Mergulhado nas profundas trevas morais que ele tiver amontoado sobre sua alma, sua imaginação assustada as povoará de fantasmas, ministros das vinganças de um Deus justamente irritado, do qual ele crerá ouvir a voz pronunciar, com os estrondos do trovão, a sentença de sua reprovação eterna. E quem sabe quanto esse estado poderá durar?

Percorrei a lista dos crimes e encontrareis facilmente a dos suplícios correspondentes. Não se trata, aqui, de diabos cornudos e armados de forquilhas atormentando os danados, de caldeiras ferventes, de contos de babás e de avós, estamos em presença da fria razão, da inexorável lógica.

Se, ao contrário, longe de nos tornarmos os escravos do corpo, nós lhe concedermos apenas o que lhe é preciso para mantê-lo no estado de saúde e de vigor necessário para fazer dele um instrumento útil à realização de nossa tarefa; se nós o mastrearmos; se procurarmos apenas os gozos elevados da inteligência; se nos esforçarmos por sufocar em nós o bruto e desenvolver o anjo, como nossa sorte deverá ser diferente quando reentrarmos no mundo da vida moral! Nós provaremos, primeiro, a satisfação indizível de nos encontrar engrandecidos, e engrandecidos por nossos próprios esforços! Depois, como não teremos de arrastar o peso grave da matéria e como ela não nos cegará mais, poderemos nos elevar mais alto para as regiões da luz; nosso olho fortalecido suportará melhor as suas divinas irradiações, e poderemos nos abeberar mais largamente nas fontes das verdades eternas. E nossa felicidade será tanto maior quanto for multiplicada pela de nossos amigos, felizes por nos terem visto sair triunfantes da prova, e quanto os pesares dos gozos materiais não vierem perturbá-la.

Enfim, quando a hora de uma nova reencarnação soar, quando for preciso de novo descer sobre um planeta para aí retomar um corpo, essa estada em uma região elevada não terá sido inútil; bem ao contrário. As verdades que formos admitidos a nela contemplar e das quais nos nutriremos não serão perdidas para nós. O homem que formaremos as levará em si no estado latente; elas farão parte de sua constituição moral e se revelarão por aptidões mais poderosas, capacidades superiores.

Nós poderemos, portanto, fornecer uma melhor carreira do que em nossas encarnações precedentes, e, na morte, lançar-nos para regiões ainda mais elevadas que aquelas de onde tivermos descido.

Mas onde, em qual mundo, sobre qual planeta se realizarão todas essas reencarnações?

O momento é vindo de abordar esse novo problema.

Em nossa época, graças aos progressos da ciência, podemos fazê-lo com mais chance de ter sucesso do que outrora, porque temos dados mais numerosos e mais seguros.

VIII

Cada um de nós está hoje convencido de que os mundos inumeráveis que, como a Terra, flutuam no espaço, como ela, são habitados. Sabemos, ademais, que, semelhantes nisto a todos os outros seres, esses mundos não têm sido sempre; que eles são nascidos; que tiveram sua época de formação, e que se desenvolvem progressivamente no tempo. Não se pode acrescentar que, um dia, sem dúvida, enquanto que mundos novos aparecerão e se disporão a substituí-los, a morte virá atingi-los, para abrir, talvez, aos elementos que os compõem, as portas de uma existência superior?

O começo não chama inevitavelmente o fim? E, uma vez que os mundos começam, não se está no direito de dizer que eles devem terminar?

Nosso destino é subir, a cada uma de nossas encarnações, um escalão da escala imensa que formam os mundos? Ou nós só merecemos nos elevar a um mundo melhor que aquele onde estamos ao atingirmos, pelo esforço, um certo grau de pureza? Ou ainda, toda a série de nossas encarnações deve se realizar sobre o mesmo planeta?

Essas questões têm muito mais importância do que parecem ter à primeira vista, e, refletindo sobre isso um pouco, percebe-se bem depressa que sua solução deve poderosamente influir sobre a maneira de nos conduzirmos na existência atual.

Se nós não fazemos mais que pousar de passagem o pé sobre um mundo, para logo alçarmos voo a um outro, aquele onde estamos momentaneamente deve nos interessar pouquíssimo. Sem laços com ele, no porvir como no passado, mal podemos considerá-lo senão com os sentimentos do rendeiro pela terra que, dentro em pouco, abandonará. Não somos levados a nele fundar nada de durável, a empreender nele nenhuma obra que demande mais de uma geração para seu acabamento e cujas vantagens só possam ser recolhidas por aqueles que vierem depois de nós. Se, ao contrário, nós nele vivemos e se devemos nele viver ainda, se nossa sorte está ligada à sua, ele se torna nossa propriedade e a ele nos afeiçoamos mais. Nós o cultivamos com mais amor; não tememos nele empreender úteis trabalhos, por longa que deva ser sua duração; sabemos, se necessário, impor-nos sacrifícios e nos condenarmos a longos e penosos esforços para melhorá-lo, porque nos convencemos de que, trabalhando para as raças futuras, é para nós que trabalhamos, e que, retardando nossa entrada em usufruto, só a tornamos mais certa.

Essas considerações deveriam bastar para tornar mais que provável a opinião de que nós vivemos e que viveremos de novo sobre a Terra; mas há outras mais poderosas e mais decisivas.

Tanto na ordem intelectual e moral quanto na ordem física, o progresso da humanidade através dos séculos é lento, mas real. Só alguns espíritos magoados e cegados pela paixão se recusam a ver esse fato luminoso. O homem dos tempos primitivos se confundia quase com o bruto. Quanto tempo e esforços deveram lhe ser necessários para chegar a esse grau de civilização que lhe permitiu deixar alguns traços na história!

Esta não remonta muito longe na vida da humanidade, e, no entanto, o período que ela abarca é suficiente para nos mostrar sensíveis progressos realizados. As ideias e os sentimentos dos homens de nossas civilizações modernas diferem notavelmente das ideias e dos sentimentos dos homens das civilizações antigas. Na brilhante Atenas, no apogeu dessa civilização grega tão enaltecida, Sócrates era obrigado a guardar muita cautela para dizer a seus concidadãos que a mulher e o escravo tinham uma alma como o homem livre. Vários séculos mais tarde, no sétimo de nossa era, um concílio de Mâcon agitava ainda a questão de saber se as mulheres são

O Espiritismo Perante a Razão

seres humanos ou brutos.

O ateniense Atenófanes sugeriu um dia a Alexandre, *o único herói cavalheiresco da Antiguidade*, segundo o historiador Cantù, fazer, para se recrear enquanto estava no banho, untar de nafta um menino e meter fogo à untura.

Quem ousaria hoje fazer uma semelhante proposição ao monarca civilizado, mesmo o menos cavalheiresco?

Esse mesmo Alexandre, para honrar os funerais de seu amigo Heféstio, fazia degolar toda uma nação que ele acabava de vencer.

Os sacrifícios humanos eram comuns a todos os povos antigos, mesmo ao povo eleito de Deus, ao povo judeu. O sacrifício de Abraão e o de Jefté disso são uma prova.

Quando, no teatro, a multidão reunida ouviu pela primeira vez este verso de Terêncio:

Eu sou homem, todo homem é um amigo para mim,

a surpresa, o espanto, a admiração foram universais. O poeta dizia ali uma coisa nova, inaudita, que não é, no entanto, senão um lugar comum para nossa época em que o sentimento da fraternidade e da solidariedade entre os homens se tornou tão poderoso e tão geral.

Os progressos nas ciências, nas artes, na indústria, são ainda maiores. É preciso ser cego para negá-lo.

Pois bem, como explicar essa marcha progressiva da humanidade para o belo e o bem, se se admite que os Espíritos passam como uma torrente sobre nossa Terra e não interrompem jamais seu curso através dos mundos? Se se admite mesmo que eles só permanecem nela justamente o tempo necessário a adquirir o grau de depuração desejado para encontrar um livre acesso a um mundo melhor?

Se fosse assim, o nível moral da humanidade não deveria ser invariável?

Mas se, ao contrário, são os mesmos Espíritos que renascem constantemente sobre o mesmo planeta, o progresso se explica todo naturalmente, pois ele é forçoso.

O que não quer dizer que todas as encarnações de uma humanidade devam necessariamente se realizar sobre o mesmo globo. Não; pode ser que as primeiras tenham lugar em um planeta superior, servindo-lhe, por assim dizer, de berço, e que ela só tome posse daquele que se lhe destinou por morada após ter atingido esse grau de desenvolvimento indispensável para que a luta seja possível. As raças inferiores que povoam, em nossa época, certas partes de nosso globo parecem testemunhar, por sua presença, em favor dessa opinião.

Pode ser também que um Espírito seja momentaneamente chamado a viver sobre um outro mundo que não o seu. Fatos numerosos na história de nossa humanidade o demonstram até à evidência.

Como explicar, com efeito, de outra forma, senão pela reencarnação, entre nós, de Espíritos pertencentes a mundos mais avançados que o nosso, nem direi a aparição desses homens prodigiosos de que a humanidade arrependida e confusa de admiração fez deuses, após tê-los imolado, mas mesmo a dos grandes homens nos diversos ramos do saber humano, que, em certas épocas, lançaram tanto brilho sobre as nações no seio das quais nasceram?

Se esses Espíritos não tivessem vindo somente por um tempo ao nosso mundo, para tornar a subir, em seguida, ao seu, realizada sua missão civilizadora; se eles pertencessem realmente à nossa humanidade, não é sem alguma aparência de razão que se poderia negar a lei do progresso.

Mas, não! Se as civilizações antigas nos deixaram obras cuja perfeição faz a admiração e o espanto dos homens de nossos dias, como as massas de nossos países civilizados são incontestavelmente superiores àquelas no seio das quais essas obras se produziram, a única consequência que se possa tirar da perfeição delas é que aqueles que as executaram vinham de mais alto, para nos servir de iniciadores e de guias, em nos deixando esses modelos.

É provável que a Terra, por seu turno, envie aos mundos inferiores alguns de seus Espíritos mais avançados, para neles realizar semelhantes missões: uma estreita solidariedade deve ligar todas as partes do universo.

Mas isso não infirma em nada a nossa opinião de que cada mundo tem uma quantidade determinada de Espíritos destinados a fazê-lo progredir, eles próprios progredindo com ele.

O Espiritismo Perante a Razão

Embalam-se, portanto, de uma esperança enganadora os que se esforçam por se melhorar apenas para terem o direito de ir viver em um mundo melhor!

Quê! Somente para isso? – E aqueles que deixamos atrás de nós? Nem um pesar por eles, nem um pensamento? – Mas, se nós partimos[1] ao mesmo tempo, e se éramos idênticos na partida, – é preciso que seja assim para que a justiça seja satisfeita, – aqueles que avançaram menos do que nós devem necessariamente ter encontrado mais obstáculos sobre sua rota. E, se lhes foi imposta uma rota mais árdua, não é justo que os que são achados em condições mais favoráveis se voltem para lhes dar a mão?

Não, as asas do egoísmo são demasiado pesadas para que possam nos levar bem alto, e não é com o socorro delas que nos elevaremos até os céus!

O melhor mundo, que não se o esqueça!, é aquele onde o dever nos chama, aquele que nós devemos melhorar. E nele não temos somente deveres a cumprir para com nossos semelhantes, mas também para com os seres inferiores dos quais Deus nos confiou o desenvolvimento e que nós devemos nos esforçar por elevar até nós.

"Não se salva sozinho.

O homem não merece sua salvação senão pela salvação de todos.

O animal tem também seu direito perante Deus." (Michelet.)

Aliás, não é sobre o teatro mesmo de nossas fraquezas que nós devemos repará-las? Não é tanto nosso direito quanto nosso dever?

Voltaremos, portanto, sobre esta Terra, que, por seu turno, será um paraíso quando, por nossos esforços, nós a tivermos embelezado, e quando, corrigidos nós mesmos de nossos vícios, as doenças, as lutas intestinas e as guerras tendo para sempre desaparecido, em seu lugar reinarem, entre seus habitantes, a saúde e a boa harmonia. E nela degustaremos um prazer que nenhum outro mundo poderia nos proporcionar: o de gozarmos dos frutos de nosso próprio trabalho.

---

[1] O verbo "partir", aqui, é usado pelo autor no sentido de "iniciar", "dar a partida", "largar", referente ao começo na nossa existência. (N. T.)

IX

Até aqui, vê-se, chegamos a soluções, em todos os pontos, conformes às doutrinas espíritas. Não nos restam mais que duas questões a tratar: a das origens da alma e a da criação. Se a mesma conformidade continuar a se produzir, o Espiritismo terá, ainda uma vez, saído triunfante da prova. Prossigamos.

Não é a maneira mais razoável de compreender o mundo a de representá-lo como uma imensa oficina, da qual Deus é o chefe, onde trabalham operários de todo tipo e de todo grau, e onde as funções são distribuídas a cada um segundo sua capacidade? – Entre Deus e nós, há quantos graus, naturezas de funções, espécies de seres? Quem poderia dizê-lo? Mas o que não se pode impedir de ver é que o homem, desenvolvendo-se, deve necessariamente dar à luz um ser superior a si mesmo, destinado a ocupar no universo um posto mais elevado, a desempenhar um maior papel. Esse ser imediatamente superior ao homem é o que nós chamamos anjo.

Se o anjo fosse uma criação à parte; se ele não fosse o último termo das evoluções sucessivas da humanidade, nós teríamos o direito de acusar Deus de injustiça, e Deus não pode ser senão a justiça mesma.

Por que, com efeito, ter criado esse ser privilegiado? Por que lhe ter dado gratuitamente todas as qualidades, que nós não adquirimos senão tão lentamente e ao preço de tantos esforços? Por que tê-lo libertado das misérias do corpo e colocado em posse da imensidade do espaço, ao passo que nós estaríamos condenados, malgrado nossos méritos adquiridos, a girar eternamente no círculo fatal das reencarnações?

E, admitindo que devêssemos um dia ser libertados da necessidade da reencarnação e que fôssemos, enfim, admitidos no número desses Espíritos privilegiados, seus privilégios não se tornariam então em desvantagens e eles não teriam, por sua vez, o direito de se queixar, pois, tendo conquistado por nossos próprios esforços uma posição que eles só deveriam ao favor, nós lhes seríamos evidentemente superiores? É o que fez dizer Bossuet, se não me engano, que os eleitos são superiores aos anjos. E isso seria assim, se as doutrinas que consideram os anjos como uma criação especial fossem verdadeiras.

O anjo, portanto, sai do homem. Mas o homem, de onde sai? Onde estava a alma antes de vir, pela primeira vez, animar um corpo humano? Esse grau de sensibilidade, de inteligência, de vontade que ela mostra no início é um puro dom do Criador, ou ela o adquiriu por uma longa estada nos moldes inferiores da criação? Em outros termos, o homem é, em relação ao animal, o que o anjo é em relação ao homem, o objetivo final de suas evoluções, ou uma criação distinta, separada dessa natureza inferior, por um favor especial?

Se o homem é uma criatura privilegiada, se um abismo intransponível separa dele o animal, este último, por sua vez, não tem o direito de elevar sua queixa ao Criador e de acusá-lo de injustiça? O animal, como o diz nosso grande escritor Michelet, não tem também seu direito perante Deus? Não é ele, em muitos casos, nosso indispensável colaborador? Não nos dá ele frequentemente, após o rude trabalho de toda uma vida, seu sangue e sua carne para nos nutrir? Não está ele sujeito, como nós, à dor?

Esse argumento da dor é tão forte em favor da passagem do animal a uma existência superior, que vários grandes filósofos, Malebranche, por exemplo, não podendo a isso se subtrair de outra forma, vieram a negar que ele fosse dotado de sensibilidade, a considerá-lo somente como uma pura máquina! Aonde não conduz o espírito de sistema! – Hoje, ainda, encontram-se espiritualistas bastante inconsequentes para recusar uma alma às bestas. Eles não percebem que fornecem, assim, aos materialistas a arma mais temível. As bestas sentem, isso é incontestável, embora, como acabamos de ver, tenha sido contestado. Ora, a sensibilidade acarreta necessariamente a inteligência e a vontade, como essas duas faculdades, por seu turno, supõem-na. Se se pode, pois, sentir, compreender e querer, em qualquer grau que seja, sem ter uma alma, nós não vemos por que o homem teria uma. E, se o animal tem uma alma, essa alma tem tanto o direito de entrar na humanidade, quando atingiu o *summum* de desenvolvimento que a animalidade comporta, quanto a nossa tem o direito de revestir a natureza angélica, quando, por seus esforços, mereceu-o.

Quantos animais a quem, como se diz vulgarmente, não falta senão a palavra para serem homens! Quanta inteligência no cão, esse candidato à humanidade!, segundo Michelet, e quanto Montaigne tinha razão quando dizia que há mais distância de tal homem a tal homem do que de tal homem a tal besta! Dupont de Nemours chamava os animais de nossos irmãos mais novos, e São Francisco de Assis, essa alma incontida de amor e que se comunicava com a natureza inteira, arengava-os, dando-lhes também o título de irmãos. Ele meditara a Bíblia, e havia descoberto que o homem, antes dessa evolução que, não sei por quê, chamou-se de queda – quando se deveria chamá-la de ascensão –, não era ainda senão um animal, uma vez que ele não conhecia nem o bem nem o mal, e que esse conhecimento é o caráter distintivo entre o bruto e o homem.

Ouço o amor-próprio gritando. Ele preferiria nos ver sair do nada. Essa origem lhe parece mais nobre!

Mas o amor-próprio é um guia perigoso para aquele que busca a verdade, e o mundo seria, sem nenhuma dúvida, mais mal feito, se fosse tal como suas pueris imaginações o representam.

Essa triste paixão sempre foi, para o homem, uma fonte funesta de erros. Inspirando-lhe o constante desejo de se distinguir de seus semelhantes por uma origem mais nobre, antes que pela prática das virtudes, ela criou almas de homens livres e almas de escravos; almas de monarcas e almas de súditos; de nobres e de plebeus; de burgueses e de camponeses; de ricos e de pobres; de brancos e de negros; de homens e de mulheres! – Já na Índia antiga, malgrado a mais sublime das revelações, não tinha ela dividido os homens em brâmanes ou sacerdotes, saídos da boca de Deus (Brama); em xátrias, reis, guerreiros, saídos de seu braço; em vaixás, mercadores, cultivadores, saídos de sua coxa; e, enfim, em sudras, artesãos, servos, escravos, saídos de seu pé?

Ela foi mais longe! Recusou a alma ao escravo e mesmo à mulher! E foram necessários todos os esforços dos filósofos para fazer compreender, após muitos séculos, o ridículo e o odioso de semelhantes distinções.

Eis o que diz L. A. Martin (*História da Condição das Mulheres na Antiguidade*) desse concílio de Mâcon, de que já falei:

"Em um concílio de Mâcon, em 679, um bispo pôs a questão de saber se as mulheres pertencem à espécie humana: o concílio se decidiu pela afirmativa, *em se referindo ao texto do Gênesis.*"

Depois disso, como se espantar de que o amor-próprio se insurja, quando se lhe diz que a alma humana é apenas a última evolução da alma do bruto? E, no entanto, não é difícil perceber que ela vem ainda de mais baixo. Quantos grandes espíritos que, lançando sobre a obra de Deus um golpe de vista atento e não perturbado pelo preconceito, foram tocados dessa magnífica harmonia resultante da ascensão, *by gentle degrees*, como diz Locke, por graus insensíveis, de todos os seres, a começar pelo mineral, para sua infinita perfeição!

A natureza não nos mostra, com efeito, os diversos seres que a compõem formando entre si uma cadeia ininterrupta, desde o mineral até o homem, e da qual cada um está visivelmente destinado a percorrer todos os elos? Não há salto brusco em sua obra; não há lacuna, solução de continuidade; a transição é sempre suave; impossível marcar o ponto onde um reino termina, onde um outro começa; nos confins, sempre um ser duvidoso, incerto, que não se sabe como classificar;

espécie de ponto, de traço de união entre seres diferentes que, sem ele, não pareceriam pertencer a um mesmo sistema, a uma mesma criação; molde híbrido por onde parece que a força deva necessariamente passar para franquear um grande passo e mudar de natureza. "Onde termina o animal? Onde começa a planta?" (Michelet.)

Se os céus narram a glória de Deus, como o diz a Escritura, não é porque eles são uma parte do livro onde seu pensamento nos é revelado? As formas dos diversos seres, só acessíveis aos nossos sentidos, são as palavras que o exprimem. E, se essas formas compõem entre si uma série progressiva e contínua, isso não indica claramente que os seres dos quais elas são a manifestação formam uma série análoga? "Adeus pedra! Tu serás flor! Adeus flor! Tu serás pomba! Adeus pomba! Tu serás mulher!" (Balzac.)

Era a ideia de Leibniz, que Bossuet chamava o maior homem na ordem da ciência, e ela não desagradava a Voltaire, como disso testemunham as linhas seguintes do *Dicionário Filosófico*, art. *Corpo*. "Enfim, um sutil filósofo, notando que uma mesa é feita de ingredientes dos quais nenhum é uma mesa, e uma casa, de materiais dos quais nenhum é uma casa, imaginou que os corpos são construídos de uma infinidade de pequenos seres que não são corpos; e isso se chama de *mônadas*. Esse sistema não deixa de ter seu aspecto bom e, se ele fosse revelado, eu o acreditaria possibilíssimo; todos esses pequenos seres seriam pontos matemáticos, espécies de almas que não esperariam senão um traje para se porem dentro: seria uma metempsicose contínua. Esse sistema, por isso, vale bem um outro..."

Essa crença é hoje tão difundida entre nossos grandes escritores quanto a crença na reencarnação. Viajantes encontraram traços evidentes dela nas religiões de vários povoados selvagens. A Antiguidade – da qual não fazemos frequentemente senão reproduzir as ideias, quando cremos inventar –, conhecia-a também; ela estava mesmo, no dizer de homens competentes, no fundo de todas as suas religiões, pois é, afinal de contas, a doutrina da vida universal. "A Antiguidade, malgrado suas oscilações entre o espiritualismo e o materialismo, malgrado suas diversas doutrinas panteístas, jamais professou senão uma crença fundamental que se encontra em todas as religiões e que é a da vida universal." (A. Guépin.)

Sabe-se que os gauleses, por exemplo, faziam partir a alma do abismo *Annwfn*, o reino mineral, para fazê-la entrar em *Abred*, o círculo das viagens, das transmigrações, onde ela percorria sucessivamente os graus do reino vegetal, animal e da humanidade, antes de poder entrar em *Gwynfyd*, o círculo da felicidade, o céu.

Em nossa sociedade católica, poucas pessoas leem o Evangelho; um menor número ainda sabe lê-lo. Entrego, à meditação de todos, as palavras seguintes, que compõem o versículo 9 do capítulo III de São Mateus: "E não penseis dizer em si mesmos: 'Nós temos Abraão por pai'; pois eu vos declaro que Deus pode fazer nascer, *dessas pedras mesmas*, filhos a Abraão."

Por que, aliás, os antigos chamaram o homem um *microcosmo*, um pequeno mundo, uma síntese, um resumo da natureza que o rodeia, se não é porque viram nele reunidos todos os aspectos pelos quais se distinguem uns dos outros os seres inferiores? Viam essas diferentes naturezas de seres irem para ele como os rios vão para o mar, e nele se mesclar para não mais formar que um só ser. É assim, sem dúvida, que o anjo deve resumir as diferentes naturezas de homens, e que, em Deus, devem se fundir, em uma suprema unidade, os aspectos de todos os seres do universo.

"Explique quem quiser essas afinidades entre o homem e certos seres secundários da criação. Elas são tão reais quanto as antipatias e os terrores insuperáveis que nos inspiram certos animais inofensivos... É que talvez todos os tipos – divididos, cada um, especialmente, em cada raça de animais – encontrem-se no homem. Os fisionomistas constataram semelhanças físicas; quem pode negar as semelhanças morais? Não há, entre nós, raposas, lobos, leões, águias, besouros, moscas? A grosseria humana é, frequentemente, baixa e feroz como o apetite do porco." (G. Sand, *História de Minha Vida*.)

Essa analogia, que não se detém no animal, mas desce mais baixo, até o reino inorgânico, foi, para Charles Fourier e seus discípulos, uma mina fecunda, e eles a exploraram com um talento que soube dela tirar quadros impressionantes da verdade.

Quem sabe se a fricção, a trituração, a moagem, as composições e as decomposições da matéria não têm por efeito despertar, com o tempo, a sensibilidade no elemento que a compõe? Quem sabe se os diferentes organismos ou trajes, como diz Voltaire, nos quais se faz passar sucessivamente a força, não são graduados e calculados de forma a desenvolver cada vez mais, nela, essa sensibilidade, e, pelas necessidades que lhe dão e os hábitos que lhe fazem tomar, a lhe constituir uma natureza? O hábito é uma primeira natureza, disse Helvétius.

Assim se explicariam, pelas rotas diversas que as almas teriam seguido para chegar à humanidade, essas diferenças de caracteres entre os homens e mesmo entre as raças de homens, e essas marcantes analogias entre certos homens e certos seres inferiores da criação.

Tudo, portanto, as doutrinas antigas, as ideias modernas, a justiça, a razão, o sentimento, a analogia e essa grande lei do progresso, que não seria verdadeira se não fosse universal, tudo parece se reunir para nos mostrar que as primeiras origens da alma estão na forma mais elementar do ser. Que, após ter subido, sob o império da fatalidade, todos os escalões do reino mineral e vegetal, ela passou por todos os graus da série animal, não tendo ainda por guia senão o instinto cego, esse grau inferior da inteligência. E que, entrada, enfim, na humanidade – de posse, como o diz a Bíblia, de uma parcela da divindade, pelo conhecimento adquirido do bem e do mal –, pela eclosão da razão, ela continuará, doravante, sua ascensão; responsável não somente por seu próprio desenvolvimento, mas, ainda, pelo das criaturas inferiores para com as quais terá de cumprir deveres, cuja noção se lhe tornará tanto mais clara quanto ela tiver se elevado mais alto.

O Espiritismo Perante a Razão

X

Se há uma verdade que deve aparecer luminosa aos olhos daqueles que apreciaram a justeza das ideias que expusemos até aqui, é que não há mais que duas soluções possíveis ao problema em face do qual nos colocou, enfim, o movimento progressivo dessas ideias. Ou a alma, antes de vir, sob a forma de mônada elementar, tomar posto nos últimos assentos do mundo, estava no nada donde Deus a fez sair por um simples ato de sua vontade onipotente, ou ela preexistia sob uma forma e em um estado que restará a determinar, e jamais começou a ser.

A criação do nada, de um lado; a eternidade do mundo em seus primeiros elementos, do outro: eis, portanto, a alternativa na qual a razão se encontra colocada, as duas hipóteses entre as quais lhe é preciso necessariamente escolher.

Examinemos, de início, a primeira.

"A questão da criação, considerada em toda a sua profundidade, diz Sr. Em. Saisset, não é nada menos que a da relação do finito ao infinito, questão sublime e temível que inspira um invencível atrativo em toda alma filosófica, mas que nenhum gênio pôde resolver completamente ainda, e que, em muitos aspectos talvez, passa o espírito humano."

"A doutrina da criação, disse mais recentemente Sr. Vacherot, contrassenso para os filósofos, mistério para os teólogos, não me parece absolutamente um progresso sobre o dualismo; não é senão uma palavra a mais acrescentada ao dicionário das abstrações ininteligíveis."

O problema não está, portanto, ainda resolvido para os pensadores, e, se acreditamos em Sr. Tissot, cuja competência nessas matérias não poderia ser posta em dúvida, os Pais da Igreja estavam longe de encará-la como os cristãos atuais. Para eles, "a criação é concebida muito diversamente, e a *emanação* aí é antes dissimulada que negada; mas, mesmo assim, o mundo é mais destacado de Deus que nas filosofias precedentes". (*Hist. Abr. da Fil.*)

Os Pais da Igreja deveriam, portanto, ser classificados entre os panteístas, uma vez que eles se inclinam a fazer do mundo uma emanação de Deus e que a doutrina da emanação não é outra que o panteísmo. No entanto, eles destacavam o mundo de Deus, distinguiam-no dele, o que nós poderíamos demonstrar ser apenas uma contradição aparente; mas nos basta constatar que, com a Antiguidade inteira, eles não podiam se resolver a admitir a criação *ex nihilo*.

E não há nada aí que deva nos surpreender. Se essa doutrina nos parece tão simples, tão natural, à primeira vista, é que a ela se habituou nosso espírito desde nossa infância. Nós somos, a este respeito, como esses povos da Ásia que creem, sem hesitar, que a Terra é suportada por um elefante, e este, por uma tartaruga. A atração universal lhes pareceria ridícula, e eles nem sonham em se perguntar sobre o que repousa a tartaruga. Assim é, para nós, o sistema da criação, enquanto não refletimos sobre ele; mas, se chegamos a aplicar sobre ele seriamente nosso pensamento, nele descobrimos dificuldades de tal forma insuperáveis, absurdidades tão chocantes, que recuamos logo espantados. E é bem preciso que seja assim para que tantos espíritos eminentes o repilam e prefiram, a ele, seja o panteísmo, seja o materialismo.

Vamos, primeiro, assinalar-lhe uma consequência imediata e capital, que, sozinha, em nossa visão, bastaria para infirmá-lo; estudá-lo-emos, em seguida, em seu princípio.

Essa consequência é que ele não fornece nenhuma garantia séria à nossa imortalidade e nos deixa, assim, na incerteza mais completa a respeito de nossos fins últimos.

Se, com efeito, a alma saiu do nada, por que ela aí não

reentraria um dia? Todo começo parece dever levar inevitavelmente a um fim; esses dois termos parecem em correlação íntima. Não vemos, ao redor de nós, que tudo o que começa acaba?

Não se tem senão um argumento a opor a isso: a bondade de Deus. Deus nos criou porque ele é bom e nos fará viver sempre porque ele é bom. Mas a lei, nós o vimos, não depende da vontade de Deus; e, se ela fosse tal que todo começo devesse levar a um fim, sua bondade não poderia nos impedir de acabar.

Aliás, a fraqueza desse argumento se torna evidente quando se considera que ele faz, dos nossos desejos cambiantes e contraditórios, a regra de conduta de Deus. Se há homens que desejam viver sempre, há outros que arrepiam de pavor só com o pensamento de que esta vida pudesse não ser a única. Na Ásia, de acordo com nossos sábios indianistas, uma seita religiosa, que conta, só nela, quase tantos adeptos quanto todas as outras seitas da Terra reunidas, considera a vida como um mal e o aniquilamento, como o supremo dos bens. Os budistas aspiram ao nirvana, ao nada, com o mesmo ardor que outros aspiram à imortalidade; cessar de ser é a recompensa que espera o homem virtuoso, por prêmio das privações que ele se impôs em suas encarnações sucessivas, de seus sacrifícios prolongados ao dever. Eis Deus bem embaraçado, e nossa imortalidade bem comprometida!

Passemos agora ao exame do sistema.

E, primeiro, comecemos por nos fazer uma ideia clara e exata das palavras que empregamos. É talvez por não tê-lo feito que os metafísicos, em todos os tempos, deram à luz sistemas de uma tão impenetrável obscuridade.

O que é o nada? Nada. Por conseguinte, dizer que o nada existe é um contrassenso, uma contradição; é dizer, em realidade, justo o contrário do que se diz em aparência, pois é, no fundo, dizer que nada existe. Acrescentar que se pode tirar, que se pode fazer sair uma coisa do nada é um outro contrassenso, uma outra contradição; é afirmar que não se pode tirar, que não se pode fazer sair essa coisa de nada. Não se pode, portanto, dizer que Deus fez sair o mundo do nada, a menos que se queira exprimir com isso que ele não o fez sair de nada, que ele não o criou absolutamente. *Ex nihilo nihil*, nada de nada, dizia a Antiguidade e diz ainda a maior parte dos modernos pensadores. Isso nos parece sem réplica.

Qual é o argumento mais claro, o mais apreensível, o mais irresistível, o mais popular daqueles que o espiritualismo emprega para demonstrar a eternidade de Deus? É este: – Se Deus não fosse eterno, seria preciso que o nada o tivesse produzido, o que implica contradição, porque o nada, não sendo nada, não pode nada produzir. Não se poderia melhor raciocinar. Mas, se o nada não pôde, por si mesmo, produzir Deus, porque não é nada, tampouco pôde produzir o mundo sob a ação da vontade divina, pois não é menos necessário ser para sofrer uma ação do que para fazer uma. É surpreendente que os partidários da criação não vejam que essa consequência é forçosa.

É verdade que eles tentam se subtrair a isso pretendendo que é por pura maneira de falar que se diz que Deus criou o mundo do nada; de fato, isso significa que ele o criou unicamente porque o quis. O mundo sairia, portanto, da vontade de Deus e não do nada.

Mas então, quem não percebe que se evita, assim, o Caríbdis do *ex nihilo*, apenas para cair no Cila do panteísmo? Pois, enfim, que diferença pode haver entre um mundo que Deus pensa ou sonha e um mundo que Deus quer? Só, evidentemente, a de que, no primeiro caso, esse mundo é uma *emanação*, um modo, uma determinação de seu pensamento e, no segundo, uma *emanação*, um modo, uma determinação de sua vontade. Mas a vontade não se distingue mais do ser que o pensamento; não há, no universo, pensamentos e vontades, mas seres pensantes e querentes. Deus, portanto, que ele pense ou que ele queira, é sempre Deus, unicamente Deus, e o mundo não tem mais existência real em um caso que no outro. De tal sorte que o sistema da criação não é outro, em definitivo, que esse panteísmo idealista do qual demonstramos a completa falsidade, a falta absoluta de consistência, pela simples afirmação de nossa existência independente e daquela do mundo.

O Espiritismo Perante a Razão

Uma outra consideração não menos poderosa do que a que acabamos de expor ressalta, contra o sistema da criação, da maneira pela qual seus partidários compreendem Deus.

Para eles, Deus é um ser simples, indivisível, uma personalidade, uma mônada sem corpo, e a mônada suprema. Ele é só, bem só, por sua natureza.

Pois bem, a lógica nos impõe, como conclusão inevitável, que um Deus assim concebido, não somente é impotente para criar o mundo, mas, ainda, não pode chegar nem a se conhecer, nem mesmo a viver; é o ser-nada de certa filosofia antiga.

Todo conhecimento não é uma distinção? E como se distinguir quando se existe só, quando não há nada fora de si? Toda vida, mesmo a mais rudimentar, não supõe a sensação? E a sensação, o que é, se não uma impressão percebida, sentida? E como perceber uma impressão se nada pode agir sobre nós?

É bem entendido que a palavra impressão deve ser tomada, aqui, no sentido de ação de um ser sobre outro, quer esses seres sejam inteligências puras ou corpos. Pouco importa que nós não compreendamos a ação de dois seres simples um sobre o outro, nós não compreendemos mais a ação de um corpo sobre outro corpo, embora dela vejamos, a cada instante, os efeitos.

Um tal Deus é, portanto, impossível; e, entretanto, o mundo existe.

O mundo pode, portanto, existir sem Deus.

E eis como a doutrina da criação, após nos ter conduzido ao panteísmo, conduz-nos agora ao ateísmo, sistema do qual igualmente demonstramos a impossibilidade, provando a necessidade de uma inteligência ordenadora do universo.

Em resumo, a criação é um sistema que nós não poderíamos admitir:

1º Porque nos deixa na incerteza mais completa sobre os fins últimos de nossa alma;

2º Porque resulta, em definitivo, seja no panteísmo, seja no ateísmo.

Força nos é, portanto, reconhecer que os seres continuamente cambiantes em seus estados, suas formas, suas manifestações, no fundo, são eternos. Só as formas, os fenômenos, as aparências nascem, desenvolvem-se e morrem, as realidades persistem sempre as mesmas. A eternidade dos seres não se compreende, mas ela se impõe à razão pela impossibilidade de admitir que seja de outra forma, pela absurdidade chocante da ideia contrária: a eternidade ultrapassa a razão, a criação a fere. Querer ir mais longe é se expor a ganhar a vertigem e a cair na extravagância. É preciso esperar, para compreender as verdades primeiras, que a razão, desenvolvendo-se, dê à luz uma faculdade superior a si, como ela própria é superior à inteligência da qual sai; no momento, é preciso nos contentarmos com saber que essas verdades existem. Provavelmente, elas são simplíssimas, e não nos falta para percebê-las senão a faculdade de que acabamos de falar, absolutamente como o olho falta ao cego para perceber as cores e o ouvido, ao surdo para distinguir os sons.

De resto, estamos aqui por muitas coisas; só o hábito faz com que não as percebamos. A vontade move os membros, nós o sabemos; mas compreendemos como isso se faz? Sem dúvida, pelo contato. Mas compreendemos esse contato? Assim é com muitas outras verdades.

Nossa obra é terminada. Não nos restaria mais, se quiséssemos oferecer ao leitor um sistema completo, do que mostrar as consequências que, em nossa visão, decorrem logicamente do princípio da eternidade dos seres e, necessariamente, levam a resolver a temível questão da natureza de Deus. Mas, como o dissemos no começo, nosso único objetivo foi, escrevendo esta brochura, provar que o Espiritismo, em todas as suas afirmações, está em perfeita conformidade com os dados da razão.

O leitor julgará se o atingimos.

A Razão do Espiritismo
MICHAEL BONNAMY

A obra que anunciamos (...) é a primeira publicação deste gênero em que a questão [filosófica] é encarada em todas as suas partes e em toda a sua altura; pode-se, portanto, dizer que ela inaugura uma das fases da existência do Espiritismo. O que a caracteriza é que não é uma adesão banal aos princípios da Doutrina, uma simples profissão de fé, mas uma demonstração rigorosa, onde os próprios adeptos encontrarão percepções novas. (...) É uma defesa em regra onde se reconhece o advogado que quer reduzir a réplica aos seus últimos limites; mas aí se reconhece também aquele que estudou sua causa seriamente e a perscrutou em seus mais minuciosos detalhes. O autor não se limita a emitir sua opinião: ele a motiva e dá a razão de ser de cada coisa; é por isso que, justamente, intitulou seu livro: *A Razão do Espiritismo*.

Publicando esta obra, sem cobrir sua personalidade com o menor véu, o autor prova que tem a verdadeira coragem de sua opinião, e o exemplo que dá é um título ao reconhecimento de todos os espíritas. O ponto de vista em que ele se colocou é principalmente o das consequências filosóficas, morais e religiosas, as que constituem o objetivo essencial do Espiritismo e dele fazem uma obra humanitária.

A obra de Sr. Bonnamy marcará nos registros do Espiritismo, não somente como primeira em data no seu gênero, mas, sobretudo, por sua importância filosófica. O autor aí examina a Doutrina em si mesma, discute os seus princípios, dos quais tira a quintessência, fazendo abstração completa de todo personalismo, o que exclui qualquer pensamento corporativista.

Allan Kardec
Revista Espírita, novembro de 1867.